Christoph Zielinski
Laurenzerberg

CHRISTOPH ZIELINSKI

Laurenzerberg

Roman

Danke, dass Sie sich für unser Buch entschieden haben. Sie wollen über unser Programm auf dem Laufenden bleiben sowie über Neuigkeiten und Gewinnspiele informiert werden? Folgen Sie uns auf Social Media oder abonnieren Sie unseren Newsletter.

1. Auflage 2025
© 2025 Carl Ueberreuter Verlag GmbH
Frankgasse 4 | 1090 Wien
produktsicherheit@ueberreuter.at
ISBN 978-3-8000-7890-5

Alle Rechte vorbehalten. Der Verlag behält sich das Text- und Data-Mining nach dem Urheberrecht vor, was hiermit Dritten ohne Zustimmung des Verlages untersagt ist.
Das Werk darf – auch teilweise – nur mit Genehmigung des Verlages wiedergegeben werden.

Covergestaltung: Saskia Beck | s-stern.com
Coverfoto: ANNO /ÖNB
Lektorat: Marina Hofinger
Satz: Carl Ueberreuter Verlag
Druck und Bindung: Finidr Ltd., Ceský Tesin

www.ueberreuter.at

Obwohl sich die in dem vorliegenden Text geschilderten Geschehnisse so oder so ähnlich zugetragen haben mögen, sind Ähnlichkeiten der dargestellten Personen mit lebenden oder verstorbenen Menschen rein zufällig und lagen nicht in der Absicht des Autors.

INHALT

	Vorwort	9
1.	Laurenzerberg	11
2.	Rosenberg und das Gefängnis	17
3.	Rosenberg entschließt sich zur Weiterreise	24
4.	Rosenberg sucht die amerikanische Botschaft auf und will seinen Namen ändern	30
5.	Die Fahrt auf den Semmering ins Südbahnhotel	32
6.	Mittagessen mit Bierwärmer	38
7.	Der Professor und das Bridgespiel	42
8.	Am Abend des Jom Kippur Kaffee mit großem Schlagobersgupf	46
9.	Rückkehr	49
10.	Eine Karte von Rosenberg, der jetzt Rose heißt	51
11.	Schoschana im Hotel Wandl und in der Telefonzelle am Fleischmarkt	51
12.	Der Besuch beim Professor	56
13.	Die Fahrt im schwarzen Opel Kapitän	60
14.	Allerheiligen und Allerseelen	64
15.	Die Adoption	67
16.	Wacek und Fela spazieren durch den Prater	72
17.	Im Café Gerstner	74
18.	Der Film im Fernsehen und die Schüsse	79
19.	Der Reisepass	82
20.	Das Paket	84
21.	Susi und Szymons Nebenbuhler	88
22.	Hochzeitsvorbereitungen	91
23.	Rosalia fährt von Krakau nach Wien	93
24.	Eine Karte aus Tel Aviv	96

25.	Essen am Sonntag im Restaurant „zur Linde"	97
26.	Die Hochzeit	100
27.	Beim Herzspezialisten	104
28.	Nach dem Krieg	109
29.	Rosalia fährt nach Krakau zurück	111
30.	Die Reisenden	114
31.	Der Akzent des Kindes und die Ankunft Titos	121
32.	Die Verehrer	126
33.	Die verstummende Stimme im Radio	128
34.	Anruf von Rosenberg (jetzt Rose)	130
35.	Die Sesselbezüge	134
36.	Richard kommt von der Schule nach Hause und trifft einen Freund aus dem 2. Bezirk	137
37.	Wieder im Hotel Wandl	139
38.	Kauf einer Uhr der Marke Doxa bei Herrn Edelstein	140
39.	Die Fahrt mit der Rettung	145
40.	Abendessen in der Roten Bar	147
41.	Das Attentat	150
42.	Das verlorene Kind	151
43.	Das Plakat	152
44.	Filip schreibt einen Brief aus Tel Aviv an Richard	156
45.	Wieder im Café Gerstner, diesmal zwei Frauen	158
46.	Wacek und Fred gehen in der Prater Hauptallee spazieren	160
	Nachwort	165

VORWORT

Der vorliegende Roman schildert die Schicksale von jüdischen Emigranten aus Polen nach Österreich in den 1960er-Jahren. Obwohl die Schicksale aufgrund einer gemeinsamen Geschichte miteinander verflochten sind, so ist doch jeder allein in seinem Versuch, in einem Land, das den Nationalsozialismus noch nicht überwunden hat, Fuß zu fassen, während die alte Heimat immer fremder wird.

Die Personen, die im Roman vorkommen, sind dem Autor alle begegnet, wenn auch nicht in ihrer singulären Identität, sondern als mehrere Charaktere, die im Buch zusammenfließen. Daraus ist die Bemühung entstanden, unter dem Eindruck der Erlebnisse des relativ kurz zurückliegenden Kriegs das Verlorensein in einer neuen Welt in Relation zum Verlust der alten zu setzen.

1. LAURENZERBERG

„Komm sofort", sagte seine Cousine Ada am Telefon, „es ist etwas Fürchterliches passiert!"

Auf Nachfrage: „Blut im Stuhl, die ganze Klomuschel ist voll damit", sagte Ada, und dass Wacek sofort, „Ja, sofort!" kommen müsse.

Wacek lief also so schnell er konnte, und das rasche Gehen ließ ihn in dem dicken, aus Polen mitgebrachten Mantel schwitzen, denn mit Krebs – Ada nannte ihn immer „jene Krankheit" – war nicht zu spaßen. Manchmal ging Wacek rasch, dann lief er wieder. Auch wenn er sich der Gefühle gegenüber seiner Cousine immer unsicher gewesen war, aber es gehörte sich jetzt, dass er sich beeilte.

Im Laufen in Richtung des Laurenzerbergs dachte er daran, dass sein Vater, den sie im Juli 1941 in einem Ort unweit von Lemberg erschlagen hatten, zwei Brüder gehabt hätte und Ada die Tochter des ältesten Bruders war, was den Altersunterschied zwischen ihr und Wacek, der der Sohn des jüngsten Bruders war, erklärte.

Dann dachte er daran, dass er ihretwegen nach Wien gekommen wäre, denn in der Welt gab es eben nur sie, die viel ältere Cousine, auch wenn er sie damals kaum gekannt hatte. Blut wäre eben „dicker als Wasser", hatte er zu seiner Frau Ophelia, die alle Fela nannten, gesagt, als sie in Krakau an die Ausreise dachten und daran, den alle unterdrückenden Kommunisten zu entgehen.

„Jetzt oder nie", hatte Wacek gesagt, denn man müsste die Zeiten des „Tauwetters", das Chruschtschow nach der Entlarvung von Stalin und seiner grauenhaften Taten in der UdSSR und allen ihren Satellitenstaaten ausgerufen hatte, nützen, um auszureisen, was bis dahin nicht möglich gewesen war.

„Nicht zu fliehen, sondern auszureisen – das ist schließlich ein Unterschied", sagte Wacek zu Fela und sie schwieg, weil sie sich vor dem fremden Land mehr fürchtete als vor den polnischen Kommunisten, die sie nicht mochte, ja verabscheute, und sich dennoch an sie gewöhnt hatte.

In diesen Gedanken lief Wacek über die immer städtischer werdende Praterstraße, am Kino vorbei, wo der Film „Ewig rauschen die Wälder" auf einem dunkelgrünen Plakat mit viel Wald im Hintergrund angepriesen wurde, vorbei am Spielwarengeschäft und über den Donaukanal, über den Schwedenplatz und schließlich den Laurenzerberg hinauf, der sich etwas hinanzog und nicht umsonst das Wort „Berg" in der Adresse trug.

An der Nummer drei und etwa in der Mitte zwischen Schwedenplatz und Fleischmarkt blieb Wacek stehen, lief vor Anstrengung und wegen des zu dicken Mantels schwitzend den schmalen Gang des Mietshauses in den ersten Stock hinauf, wo Ada seit dem Telefonat an der offenen Tür gewartet hatte.

„Ein großes Unglück", sagte Ada, führte ihn zur Toilette: „Ich werde dir zeigen, was geschehen ist", und sagte: „Ich werde jetzt wohl sterben. Nicht sehr jung, aber jung", denn es wäre nach ihrem Gefühl für sie noch nicht an der Zeit zu sterben.

Sie führte ihn zur Muschel, wo ihr Stuhl in einer roten dünnen Flüssigkeit schwamm, und zeigte darauf: „Bitte ..." Und: „Ein großes Unglück. Alles voller Blut."

Sie lief ins Wohnzimmer, wo sie sich an den Tisch auf einen der mit blauem Samt bezogenen hohen Sessel setzte, ihr Gesicht in ihre Hände stützte und weinte und schrie, dass sie noch nicht sterben wolle, aber jetzt wohl würde sterben müssen.

Ada sagte, als Wacek ins Zimmer trat und sie ihn aus verweinten Augen ansah: „Was hilft das Wollen, wenn es sein muss, und es so geschrieben steht." Und dann: „Es steht eben so geschrieben. Geschrieben", und dann weinte sie weiter.

Wacek setzte sich zu ihr, meinte, dass er kein Arzt wäre, aber Blut sähe wohl anders aus, viel dicker, viel dunkler, aber dass man ja niemals die Wahrheit wüsste. Nicht, bevor sie nicht durch Untersuchungen und Beweise erhärtet worden wäre. Er wiederholte es, um sie und sich selbst zu beruhigen, und sagte, dass man niemals etwas wirklich wissen würde.

Er versuchte, sich selbst zu überzeugen, dass das Offensichtliche nicht offensichtlich wäre, weil er von Ada und ihrem Mann Szymon abhängig war, nachdem er seit der Emigration in Szymons Firma arbeitete und nicht sicher sein konnte, wie Szymon mit ihm, der er der Cousin Adas war, nach ihrem Tod, der jetzt derart unerwartet möglich erschien, verfahren würde.

„Ein großes Unglück", sagte Ada und ging zum Telefon, das gerade läutete, und rief hinein: „Ein großes Unglück, ein Unglück!", während Wacek noch an ihren Stuhl und die ihn umgebende rote Flüssigkeit dachte, und Ada ihrer Freundin Mia, die am Telefon war, das ganze Unglück beschrieb und am Schluss sagte, dass sie jetzt sicher sterben werde müssen, denn offenbar stünde es so geschrieben. „Bald, wohl sehr bald, werde ich sterben müssen, denn man kennt die Verläufe ja bei ‚jener Krankheit.'"

Dann legte Ada den Telefonhörer auf, setzte sich, fing wieder an zu weinen, und weinte und weinte und ließ sich weder von Wacek, der sich in der großen und beinahe luxuriösen Wohnung fremd fühlte und deshalb kleinlaut war, noch von der Haushälterin Julyi, die wegen des lauten Schluchzens herbeigeeilt war, beruhigen.

Langsam, nur ganz langsam, hörte Ada zu weinen auf, während Wacek, neben ihr sitzend, ihre linke Hand, und Julyi im Stehen – denn sie hätte sich nie erlaubt, am Esstisch der Herrschaften zu sitzen – ihre rechte Hand hielt.

Nach einer Weile sagte Ada: „Was soll man jetzt tun? Wohin und zu wem gehen?" und Wacek empfahl einen sehr erfahrenen Spezialisten, denn jemand anderer könnte es in dieser schwierigen Situation nicht sein.

Julyi ging wieder in die Küche, räumte den kleinen Balkon, der in den Hinterhof ging, zusammen, wo wegen des nur kleinen, in der Küche stehenden Eiskastens, zu dem Ada „Frigidaire" sagte, Speisen und Flaschen aufgehoben wurden, und lärmte dabei laut, als mit plötzlichem und krachendem Geklirr ein großes Stück Glas zu Boden fiel und zerbrach. Julyi erschrak nicht nur wegen des lauten Geräuschs, sondern auch, weil sie noch nie etwas in der Wohnung kaputt gemacht hatte, kam aber bald ins Esszimmer gelaufen, um sich bei Ada zu entschuldigen.

Ada sah sie aus den noch immer verweinten Augen an, sprang auf und ihre dunkelbraun gefärbten Haare, die am Scheitel grauen Nachwuchs sehen ließen, wippten auf dem vor Erregung zitternden Kopf.

Ada wollte wegen des Schadens zu schimpfen beginnen, aber Julyi mit ihren rötlichen, in kleine Wellen gelegten, schütteren Haaren, zwischen denen die weiße Kopfhaut sichtbar war, in ihrer weißen geplätteten Schürze, die sich über den Oberkörper zog und deren obere Bänder nach hinten gebunden am Rücken in einen undefinierbaren Knoten mündeten, der täglich anders aussah, ihren hochgeschnürten braunen Schuhen, an denen ihre missgebildeten Zehen große Wülste bildeten, sah so verzagt drein, dass Adas Wut nicht oder nur langsam über sie kommen konnte, und sie mit bebender Stimme, die nur mühsam ihre Aufregung verbarg, sagte: „Julyi, was ist geschehen? Was hast du kaputt gemacht? Was ist zerbrochen?"

„Es war das Glas mit den Roten Rüben", sagte Julyi mit ihrem ungarischen Akzent, „mit den Rüben vom Essen zu Mittag von gestern. Es ist mir aus der Hand gefallen, weil es noch vom roten und etwas süßen Saft der Rüben glitschig war. Anderes Mal war nicht mehr viel an Rüben drin."

„Das Glas mit den Roten Rüben von gestern?", fragte Ada.

„Ja, die Roten Rüben", sagte Julyi, „nicht mehr viele gewesen, alle gestern aufgegessen. Anderes Mal: Um das Glas ist es auch nicht schade, war alt und oben ausgebrochen. Ich werde alles schön wegputzen. Wird kein Spur bleiben."

„Ihr habt gestern Rote Rüben gegessen?", fragte Wacek.

„Ja", sagte Ada, „zu Mittag, denn Szymon kommt ja immer zu Mittag von der Firma nach Hause. Ist ja nicht weit. Da will er immer ein Mittagessen haben und nachher legt er sich schlafen."

„Dann waren es vielleicht die Roten Rüben mit ihrer roten Farbe, die den Stuhl so verfärbt haben?", fragte Wacek und schwitzte immer mehr, weil ihn das Thema und seine weinende Cousine in der für ihn fremden, überladenen Wohnung immer mehr anstrengten.

Da sprang Ada vom Sessel auf, umarmte den verschwitzten Mann von hinten und sagte: „Gerettet, für dieses Mal gerettet! Ja, es müssen die Roten Rüben gewesen sein."

Und dann: „Ja, es waren die Roten Rüben", tanzte durchs Zimmer, „die Roten Rüben waren es, die Roten Rüben, und ‚jene Krankheit' kann warten." Und dann: „Es steht nämlich gar nichts geschrieben, nicht für dieses Mal."

Ada lachte, lief zum Telefon, rief Mia an, rief ins Telefon: „Es waren die Roten Rüben!" Und: „Nichts steht geschrieben, nicht für dieses Mal, es waren die Roten Rüben", und legte den Telefonhörer auf.

Dann ging Ada auf den kleinen Balkon hinaus und sagte zu Julyi: „Und dass ja keine Spur zurückbleibt – wie sieht das sonst aus ...? Wir sind ja keine armen Leute", und Julyi nickte.

2. Rosenberg und das Gefängnis

„Fünf Jahre Gefängnis haben sie mir gegeben, weil ich versucht hätte, Litauen von der Sowjetunion abzutrennen", sagte Rosenberg mit heiserer Stimme, als er im Café Dogenhof mit Wacek an einem der Marmortische, wie sie in vielen Wiener Kaffeehäusern standen, saß.

„Das war damals und nach dem Krieg, als ich mit deiner schönen Schwester dieses eigentümliche Verhältnis hatte, das mich bis heute verfolgt, wenn ich an sie denke, und erst recht verfolgt hat, als ich im Gefängnis war und wusste, dass sie sich mit diesen Typen trifft, die mit am Schwarzmarkt gekauften Schnürlsamthosen und der im Mundwinkel angeklebten Zigarette auf Humphrey Bogart machten", sagte Rosenberg, „und jetzt ist sie mit diesem unbegabten Schönling Andrzej verheiratet, dem ich damals das Theaterspielen beigebracht habe, der aber bis heute den Text, den er aufzusagen hat, nicht versteht. Aber immerhin haben wir zwei damals und jetzt einander wiedergefunden", sagte Rosenberg zu Wacek, stand auf und küsste ihn auf den Kopf.

Rosenberg setzte sich wieder hin, stützte den linken Arm auf den Marmortisch, legte sein Gesicht und sein vorstehendes Kinn, über dem sich eine auffällig große, seine gesamte Gestalt dominierende Knollennase befand, in die linke Hand und sah sich um: Im Café Dogenhof befanden sich Bilder und Fresken von Venedig und man konnte darauf immer mehr Details entdecken, wenn man nur lange genug hinsah.

Das Café hatte eine für die Praterstraße ungewöhnliche Fassade, die ein venezianisches Haus nachahmte, und lag in der Nähe von Waceks kleiner, dunkler Wohnung, wo er seit seiner Emigration aus Polen im Jahr 1958 mit seiner Frau und dem kleinen Kind schon zwei Jahre lang beengt wohnte. Und so hatte sich Wacek mit Rosenberg im Café Dogenhof verabredet, als er über das große schwarze Telefon, das an der Wand hing, angerufen hatte.

Wacek war erstaunt und fragte, woher Rosenberg die Nummer hätte, auch wenn er sich natürlich sehr über seinen Anruf freuen würde, aber eigentümlich wäre es ja doch, dass er die Nummer hätte. Rosenberg sagte, dass es ganz einfach gewesen wäre, die Telefonnummer zu bekommen, denn er hätte von Waceks Schwester, von der er sich vor seiner Abfahrt verabschiedet hatte, gewusst, dass Wacek jetzt in Wien wäre, und das Postamt hätte ja alle Telefonnummern und würde sie auch weitergeben, wenn man mit Namen danach fragte. Es wäre hier eben nicht so wie in Polen, wo alles kontrolliert werden würde. Und so schlug Wacek vor, dass sie sich in einer Stunde – es war ein Samstag am Nachmittag – im Café Dogenhof treffen könnten.

An anderen Tischen saßen Frauen mit toupierten blonden Haaren, die in die Höhe ragten, und ab und zu kam ein Mann mit geölter, nach hinten gekämmter Frisur, einer dünnen Krawatte und spitzen Schuhen herein, näherte sich einem der Tische, sprach mit einer der Frauen, die dann meist aufstand und mit dem Mann das Café verließ.

„Gerade ich soll das gewesen sein", so Rosenberg weiter, „wo ich Litauen gar nicht kenne. Aber so sind sie", sagte er, bestellte einen Cognac und fragte Wacek, ob er auch einen wolle, doch Wacek verneinte. „Ab 1945 waren Stalin und dieses Schwein Rokossowski [siehe Anm. 1], dieser Agent Stalins, den er zum Verteidigungsminister machen ließ, Polens wahre Herrscher, aber nicht dieser flexible Cyrankiewicz [siehe Anm. 2], der sich als Ministerpräsident als unser Mann ausgab, aber gar nicht unserer, sondern ihrer war und bis heute ist, und weiter die Befehle von den Kommunisten bekommt, die wiederum aus Moskau kommen. Bis heute. Ein Verräter ist er, sonst gar nichts", sagte Rosenberg. „Die Russen haben mir fünf Jahre gegeben", sagte er, „der Richter war zwar Pole, aber die, die ihm befahlen, saßen in Moskau und er war ihr Helfershelfer", sagte Rosenberg, und dann: „Sie wollten an mir ein Exempel gegen die Intelligenzija statuieren", und trank den Cognac zur Hälfte aus.

„Recht haben sie gehabt, denn nach dem Urteil gegen mich kehrte Ruhe ein und keiner traute sich, etwas gegen die Partei zu sagen. Nicht am Theater, nicht in der Literatur und schon gar nicht in den Zeitungen. Alle haben sich gefürchtet, weil sie an Rosenberg und seine fünf Jahre dachten", sagte er, „obwohl ich gar nicht so heiße, aber sie dachten an Rosenberg und das ist doch komisch, wenn sie an jemanden dachten, dessen Namen ich trage, aber nicht er bin", und trank den Rest des Cognacs aus.

„Du kennst den ‚Pan Tadeusz' des großen Mickiewicz [siehe Anm. 3] im Detail?", fragte Rosenberg Wacek, der antwortete, dass er ihn natürlich kennen würde, ganze

Passagen würde er aus dem Stück deklamieren, denn wer in Krakau würde dieses grandios gewichtige Stück nicht kennen?

„Komisch", sagte Wacek, „hier kennt Mickiewicz niemand, dabei war er so wichtig für uns, und nicht nur für uns, für die ganze Region. Hier kennt ihn keiner, und vom ‚Pan Tadeusz' hat überhaupt noch nie jemand gehört. Komische Welt", sagte er, „zwischen der Gottähnlichkeit und der Bedeutungslosigkeit liegen nur 500 Kilometer."

„Oder ein paar Jahre", sagte Rosenberg, lachte und deutete dem Kellner, dass er noch einen Cognac haben wollte, während Wacek mit einer Geste verneinte.

Rosenberg nach einer Pause: „Jedenfalls habe ich den ‚Pan Tadeusz' am Słowacki Theater inszeniert. Was soll ich dir sagen, was du nicht selbst weißt? Während der Proben sind fremde Männer in den Zuschauerraum gekommen, haben zugehört, sind dann wieder hinausgegangen und haben dabei die Türen zum Zuschauerraum laut zugeschlagen.

Da habe ich mir schon gedacht, dass der ‚Sicherheit' meine Inszenierung des Stücks nicht gefallen würde, aber wer könnte schon die Aufführung eines Stücks des großen Mickiewicz verbieten? – Das hätte einen Aufstand gegeben, gerade in Krakau, wo sein Denkmal am Hauptplatz steht."

„Hingegen", sagte Rosenberg, „haben sie sich für die Inszenierung beim Regisseur revanchieren können. Du kennst ja die alte Masche: ein mieser Typ, Konterrevolutionär, Teil der Intelligenzija, jüdischer Name, ein

Kosmopolit – die Zeitungen waren voll davon, selbst der *Dziennik Polski* und der *Przekrój* schrieben darüber. Die Karikaturen im *Przekrój* sind ja häufig treffend, für das Regime gerade noch akzeptabel, aber bei meiner Verurteilung haben sie mitgetan."

„Das Schlimmste für mich aber", so Rosenberg weiter, „war, dass der Schauspieler, der den gewaltigen Anfangstext ‚Litwo, ojczyzno moja', der – wie du natürlich weißt – ein Loblied auf die Schönheit Litauens ist, und das Land, das damals gerade Teil der Sowjetunion geworden war, hymnisch als Heimat beschreibt, schlecht, ganz schlecht, sprach, weil er aus Angst, etwas zu rezitieren, was der Partei nicht passen würde, um seine Karriere bangte.

Fast flüsterte er den gewaltigen Text und dennoch erhob sich das Publikum am Schluss von den Sitzen und applaudierte über Minuten und stampfte mit den Füßen und da wusste ich, dass ich dran sein würde. Konterrevolutionäres Verhalten – klare Sache."

Und dann sagte er noch: „Dieser Schauspieler war eben jener Schönling Andrzej, mit dem deine Schwester jetzt verheiratet ist. Hat mich mit ihm betrogen, aber als ich aus dem Gefängnis rauskam und sie schon mit ihm verheiratet war, ihn mit mir", und lachte.

Rosenberg trank wieder ein halbes Glas Cognac aus und erzählte weiter: „Vor Gericht fragte mich der Richter, warum ich bei der Regie gesagt hätte, dass manche Textpassagen traurig und sentimental, andere voll des Gottesglaubens und wieder andere tapfer und kampfbereit vorgetragen werden sollten, wo ich wissen müsste, dass jeder Kampf gegen das Bruderland UdSSR ein Akt gegen Polen selbst und letztlich Hochverrat sei." Und: „Der Staatsanwalt sagte dann, dass ich im Text die Passage über die schwarze Częstochower Mutter Gottes drin gelassen hätte, um meine jüdischen Wurzeln zu vertuschen, um mich bei der Kirche, die gerade wieder ihr konterrevolutionäres Haupt erheben würde, als Jude einzuschmeicheln; aber so leicht würden sie mir das alles nicht machen, denn sie würden alles wissen."

Rosenberg trank den Cognac aus und erzählte weiter: „Völlig entlarvend wäre es, sagte der Staatsanwalt, und klar ersichtlich, was ich damit hätte sagen wollen, wenn es im Text hieße, dass die ausgedrückte Hoffnung, zu den goldenen Getreidefeldern Litauens zurückkehren zu können, sich erfüllen würde. Nirgendwo würde meine konterrevolutionäre Einstellung besser zum Vorschein kommen und ich in eben konterrevolutionärer Absicht Litauen von der Sowjetunion abtrennen wollen. Ich wäre eben Teil der zionistischen, antikommunistischen Weltverschwörung."

Dafür gab's dann fünf Jahre in einer Einzelzelle.

Rosenberg schaute in die Runde und auf die anderen Tische, schwieg, legte sein großes Gesicht wieder in seine linke Hand und sagte nach einer Pause: „Jetzt heißt das Ganze ‚Tauwetter' und der Parteiapparatschik Chruschtschow, der immer mit dabei war, ist plötzlich ein Guter, und aufgrund dieser Güte bin ich jetzt hier, bevor sie ihm wieder vergeht."

ANMERKUNGEN:

1. Konstantin Konstantinowitsch Rokossowski (* 21. Dezember 1896 in Warschau, † 3. August 1968 in Moskau) war während des Zweiten Weltkriegs Marschall sowie Held der Sowjetunion und wurde nach Kriegsende auf Wunsch Stalins vom polnischen Präsidenten Bierut zum Verteidigungsminister der Volksrepublik Polen und Marschall von Polen ernannt.
Erst 1956 wurde er in der Phase der Entstalinisierung durch Chruschtschow nach Moskau zurückbeordert.

2. Józef Cyrankiewicz (* 23. April 1911 im österr.-ungar. Galizien, Polen, † 20. Jänner 1989 in Warschau), während der deutschen Besatzung Polens in den KZs Auschwitz und Mauthausen inhaftiert, anfangs Mitglied der Polnischen Sozialistischen Partei, danach der Polnischen Vereinigten Arbeiterpartei, die 1948 aus der Sozialistischen Partei und der Arbeiterpartei hervorging. 1947 bis 1952 und 1954 bis 1970 Ministerpräsident Polens. Cyrankiewicz galt als Befürworteter der Unterwerfung der in Polen vorherrschenden Strukturen unter die Anliegen der Kommunistischen Partei.

3. Adam Mickiewicz (* 24. Dezember 1798 im Russischen Kaiserreich, † 28. November 1855 in Konstantinopel) war ein polnischer Nationaldichter der Romantik.
Mickiewicz hat in seinen Werken die Freiheit des damals zwischen dem Zarenreich, Preußen und Österreich aufgeteilten Polen gefordert. Zu seinen wichtigsten Werken gehören das Epos „Konrad Wallenrod"

sowie die Theaterstücke „Dziady" („Die Ahnen") und der „Pan Tadeusz".

3. ROSENBERG ENTSCHLIESST SICH ZUR WEITERREISE

Natürlich würde er sich an die schöne Ada mit den gleichmäßigen Zügen erinnern, deren einziges Manko ihre wenig geformten Beine wären, sagte Rosenberg zu Wacek, als sie sich eine Woche später an einem Samstagnachmittag im Café Prückel beim Denkmal des Wiener Bürgermeisters Lueger trafen.

Er erzählte, dass er Ada als Kind und lang vor dem Krieg im vornehmen galizischen Kurort Truskawiec getroffen hätte, weil sein Vater wiederum Adas Vater vom gemeinsamen Studium in Wien gut gekannt hätte, und so wären sie einander oft bei Sommerfesten in den wunderbaren Villen, die in Truskawiec standen, begegnet. Allerdings hätte Ada keine Augen für den deutlich jüngeren Knaben gehabt, sondern immer mit Kavalieren, aber auch und sogar mit den Kellnern, die den Gästen das dortige Heilwasser „Naftusia" servierten, kokettiert.

„Beim Kokettieren war sie gar nicht schlecht", sagte Rosenberg und lachte.

Nach einer Pause des Lachens fragte Rosenberg: „Du weißt, warum das Mineralwasser dort ‚Naftusia' heißt?", und als Wacek mit den Schultern zuckte, sagte er: „Weil es in der Gegend viel Erdöl gibt, das auf Polnisch ‚Nafta' heißt – und deshalb die Koseform für das Mineralwasser ‚Naftusia' – auf eine solch blödsinnige, aber geniale Idee muss man einmal kommen – man kann nur gratulieren ..."

Und jetzt würde ihm wieder einfallen, sagte er, wie Ada mit den Kellnern kokettiert hätte, die in der Lokaltracht und mit den an den Spitzen hochgezogenen Schuhen umhergingen.

Einer der Ukrainer hatte es ihr offenbar ganz besonders angetan, aber er, Rosenberg, wolle nichts Besonderes andeuten, und er zwinkerte mehrmals mit dem rechten Auge.

Es gäbe noch viel zu erzählen, sagte er, aber der Krieg hätte aus ihnen allen Schatten gemacht, sagte Rosenberg, und das Gefängnis hätte dazu beigetragen, dass er sein Sein jetzt neu erfinden müsste.

Das wäre ihm in der zurückliegenden Woche klar geworden, „mein Sein neu erfinden, denn das Sein ist jetzt etwas anderes als es vor zwanzig Jahren war, und das hat nichts mit dem eigenen Altern zu tun, eher mit dem Altern der Zeit."

Bei Ada, auf die sie jetzt warteten, wäre es sicher auch passiert, dass die Zeit gealtert wäre, ganz besonders nach den schrecklichen Jahren, nachdem sie – wie man hörte – über Jahre im Versteck bei dem Ukrainer und seiner Frau gewesen wäre. Da würde die Zeit auch lang werden und wenn man manchmal und schließlich ganz aus dem Versteck herausgekommen wäre und endlich das erlebte, was man immer herbeigesehnt hätte, wäre man verwundert gewesen, dass die Zeit inzwischen eine andere geworden und anders wäre als diejenige, von der man im Versteck geträumt hatte.

Nach einer Pause, während die Männer auf den großen Lueger-Platz mit dem Denkmal hinaussahen, sagte Wacek, dass Ada mit Szymon jeden Nachmittag zur Bridgepartie herkäme, und sie, Ada, sich sicher wundern würde, wenn sie Rosenberg hier sähe.

„Ich glaube nicht, dass sich dieses Land ändern wird", sagte Rosenberg und sah wieder auf den Lueger-Platz hinaus, „es ist eng und klein, ist mit sich zufrieden. Sieh nur die vielen grauen und schwarzen Autos, die Leute hier im Café – alles gibt ihnen Recht. Vor allem Recht gibt ihnen, dass alles ist, wie es ist, und es so geblieben ist, wie es war, und sich nichts geändert hat, egal, was passiert ist. Für sie hat sich nichts geändert, niemals. Nur für uns haben sich die Dinge verändert, alle Dinge."

Und dann weiter: „In der letzten Woche – auch wenn ich nur einen Kaffee bestellte – wurde ich gefragt: ‚Was für ein Landsmann sind Sie?' Schon allein dieses Wort ‚Landsmann' – was für eine Gemeinheit darin steckt", und langsam sagte er: „L-a-n-d-s-m-a-n-n ...", lächelte stumm, verzog das Gesicht und sagte dann: „Sie könnten ja auch fragen: Wo kommen Sie her? Aber nein: Sie müssen herabsetzend L-a-n-d-s-m-a-n-n sagen ...", er sah Wacek an: „Wie willst du hier leben? Sie werden dich das immer fragen: Was für ein L-a-n-d-s-m-a-n-n sind Sie? Und dann wird sich herausstellen – zumindest bei dem einen oder anderen, der anfangs auf nett tun würde – aus Polen. Ein Ostjude bist du, Wacek", sagte Rosenberg, „und das wird dir bleiben.

Sie werden immer hinter deinem Rücken sagen: ‚Der Ostjud', und sie werden mit den Händen wacheln und dich hinter deinem Rücken verspotten, und wenn du Pech hast, wirst du es mitbekommen, und wirst dann betroffen sein, weil du ja einer von ihnen sein wolltest, doch ist das dann misslungen", sagte Rosenberg.

Aber ja, er wüsste noch, wie schön Ada als junge Frau gewesen wäre, und wie elegant, sagte Rosenberg, bestellte einen Cognac und sagte: „Dieses verfluchte Zahnweh – da hilft nur Cognac ..."

Die Bridgestube hinter der Glaswand, an der der Tisch stand, an dem Rosenberg und Wacek saßen, füllte sich langsam mit Menschen, und da kam auch Ada herein. Wacek winkte ihr zu, sie kam zu ihrem Tisch und sagte, dass Szymon gleich kommen würde.
„Du kannst dich wahrscheinlich noch an Rosenberg erinnern, denn auch er war oft im Sommer in Truskawiec", sagte Wacek.
Rosenberg war aufgestanden, küsste ihre Hand, und Ada sagte: „Aber natürlich, der Sohn eines Freundes meines Vaters, wenn es auch hundert Jahre her ist. Wie aus einem anderen Leben."
„Es ist ein anderes Leben gewesen", sagte Rosenberg, und nochmals: „Ein anderes Leben."

Sie luden Ada ein, bei ihnen Platz zu nehmen, auch wenn sie abwehrend war: „Szymon wird gleich kommen. Dann geht die heutige Bridgepartie los. Also bleibe ich nur ganz kurz hier, denn die Leute kommen schon alle herein", und nach einer Pause, während sie auf eine eintretende Frau zeigte: „Seht euch diese Schlampe an, benimmt sich wie eine läufige Hündin und kein Mann ist vor ihr sicher, wohnt in der Wohnung neben unserer ...", folgte ihr mit den Augen, dann: „Habt ihr sie gesehen? Sie trägt heute wieder einen Schal, immer trägt sie einen Schal, um ihren faltigen Hals zu verstecken, aber ich weiß, dass er faltig ist, weil ich sie einmal ohne Schal gesehen habe, als sie auf ihrem Balkon, der neben unserem liegt, Blumen gegossen hat. Da hatte sie keinen Schal, obwohl sie hätte wissen müssen, dass die Nachbarn sie hätten sehen können, und tatsächlich habe ich sie gesehen: Der Hals war furchtbar faltig. Deswegen trägt sie immer einen Schal, auch im Sommer."

Rosenberg fragte, ob er Ada auf einen Cognac einladen dürfe, denn er selbst müsse noch ein Glas wegen des unaufhörlichen Zahnwehs trinken, denn das wäre das Einzige, was dagegen helfe.

Ada sah ihn an und sagte: „Du bist wohl ein Trinker geworden", und: „Dein Vater war auch schon ein Trinker. Das vererbt sich. Und jetzt hast du sogar die Nase eines Trinkers."

Szymon trat mit seiner glänzenden Glatze in die Bridgestube ein, Ada winkte ihm zu, er kam zum Tisch.

„Das ist Rosenberg", sagte Ada, „ich kenne ihn von vor dem Krieg aus Truskawiec. Jetzt ist er offenbar Alkoholiker geworden."

Und zu den beiden Männern: „Szymon ist dagegen ein Gentleman, besonders in gewissen Situationen. Ein

Gentleman. Ein Gentleman unter Gentlemen – sogar da würde er auffallen, vorausgesetzt, dass Sie auch in ähnliche Situationen kämen, was ungewiss ist", sagte Ada und lächelte.

Szymon nahm sein Stecktuch und wischte sich damit seine Glatze und die etwas wulstigen Lippen ab, indem er dabei leise schmatzte. „Seht ihr? Er ist zwar ein Gentleman, aber eben nicht in jeder Lage", sagte Ada.

Und zu Szymon: „Schau, da drüben ist die Frau Spielmann, natürlich mit Schal, trotz des heißen Wetters. Am Laurenzerberg habe ich das große amerikanische Auto von unserem Haus wegfahren sehen, das ihrem Galan gehört – ich glaube, er ist ex nostris. Das Auto versperrt immer die halbe Straße. Sie benimmt sich wie eine läufige Hündin, die alte Schlampe."

„Ein Cadillac", sagte Szymon, „mit Chauffeur."

Ada fragte Szymon: „Hast du Radio gehört?"

„Ja. Sein Name war bei der Aufzählung der Vermissten dabei", sagte Szymon.

Wacek erklärte Rosenberg das Gesagte: „Es handelt sich um Kazimierz, Adas Sohn. Er ist seit dem Krieg verschollen und Ada sucht ihn über das Rote Kreuz."

„Es wird wieder nichts sein", sagte Ada, „er wird sich wieder nicht melden."

Ada und Szymon standen auf und verabschiedeten sich, denn die Bridgepartie begann. Wacek küsste Ada zum Abschied auf die Wange, Rosenberg küsste hingegen wieder ihre Hand.

Wacek und Rosenberg verließen das Café und als sie auf der Straße waren, sagte Rosenberg: „Ich werde weiterreisen. Was soll ich hier?"

4. Rosenberg sucht die amerikanische Botschaft auf und will seinen Namen ändern

"Nein", sagte Rosenberg zu Wacek, "Rosenberg will ich nicht weiter heißen. Was verbindet mich mit dem Namen? Und mit dem Geburtsdatum schon gar nichts", und bestellte im Café Dogenhof einen Espresso, wie er modern geworden war.

"Der betrügerische Priester in Kolomea hat mir zwar falsche Papiere, aber wieder mit einem jüdischen Namen verkauft. Als ich zu ihm sagte, dass Rosenberg doch ein jüdischer Name wäre, hat er gemeint, dass das gar nicht so wäre, denn immerhin würde einer von den ganz großen Nazis auch so heißen, und ob ich denn glaubte, dass Hitler einen Juden mit dem Namen Rosenberg so weit hätte kommen lassen, wo er jetzt wäre. Da hab ich ihm geglaubt, weil mir auch nichts anderes übriggeblieben war – was hätte ich denn anderes tun sollen, wenn er mir doch keine anderen Papiere geben wollte …?"

Und nach einer Pause, in der er den Espresso trank und das Gesicht nachher verzog, weil er so bitter war: "Und was hab ich jetzt davon? Ich heiße anders als früher, aber noch immer jüdisch, denn das erkennen alle, und das Geburtsdatum ist auch nicht meines, sondern seines, und obendrein muss ich immer an den armen Juden denken, den die Ukrainer wahrscheinlich erschlagen haben, bevor ich seine Papiere bekommen habe."

„Was hat der Amerikaner gesagt?", fragte Wacek. „Er hat gesagt, was er sagen musste", antwortete Rosenberg. „Ich habe ihm erzählt, dass ich diesen Konventionspass hätte, und dass alle Daten darin und vor allem mein Name falsch wären, aber dass ich eben keine Papiere bei mir hätte, um das zu beweisen, denn immerhin hätte ich unerwartet aus Polen ausreisen können, und alles, was ich hätte, wäre eben dieser Konventionspass, und bei einem derart raschen Aufbruch könne man eben nichts mitnehmen. Daraufhin sagte er, ich müsse mit einer Person zu ihm kommen, die eidesstattlich bezeugen würde, dass ich eben so und so hieße und in Wirklichkeit und früher eben ganz anders geheißen hätte und dann-und-dann geboren worden wäre, eben anders, als es im Konventionspass stehen würde."

Und nach einer Pause sagte Rosenberg: „Und diese Person wirst du sein."

„Was soll ich denn bezeugen?", fragte Wacek und bestellte auch einen Espresso, während am Nebentisch wieder eine Transaktion zwischen einem Freier und einer dort sitzenden Frau vorgenommen wurde, die offenbar zur Zufriedenheit beider ablief, denn er tätschelte ihre Wange und sie wiederum packte ihre paar Sachen, die auf dem marmornen Kaffeehaustisch lagen, in die Handtasche und dann verließen sie das Lokal.

„Du wirst bezeugen, dass ich in Wirklichkeit Michal Rose heiße, weil sich das in Amerika gut aussprechen lässt, und dass ich am 28. Februar geboren wurde – das ist ein lustiges Datum und mein echtes Geburtsdatum mag ich nicht und das von dem wahrscheinlich erschlagenen Rosenberg schon gar nicht."

So gingen sie also zu den Amtsstunden ins Konsulat der USA, und als nach ein paar Tagen der Zug nach Hamburg abfuhr, winkte Rosenberg, der ursprünglich gar nicht so geheißen hatte, und jetzt Michal Rose hieß, Wacek, der auf dem Perron stehen geblieben war, aus dem Fenster zu, und tastete dann in der Innentasche seines Sakkos nach dem neuen Konventionspass, in dem als Name Michal Rose und als Geburtsdatum der 28. Februar stand, und nach der Schiffskarte nach New York, die er mit dem Geld bezahlt hatte, das ihm der Uhrmacher Herr Edelstein aus der Großen Stadtgutgasse für die goldene Uhr gegeben hatte, die seine Freundin, die berühmte, junge und schöne blonde Schauspielerin aus Krakau, der Rosenberg versprochen hatte, sie zu sich in die Emigration zu holen, ihm bei seiner Abreise gegeben hatte. Die Uhr hätte ihrem Vater gehört, sagte sie beim Abschied, und weil nur die Uhr, nicht aber der Vater den Krieg überlebt hätte, solle nun er die Uhr haben, damit er in der Fremde an sie denke.

5. Die Fahrt auf den Semmering ins Südbahnhotel

Am Sonntagmorgen hatte Wacek in den Laderaum des dunkelblauen Ford Taunus-Kastenwagens, der die Aufschrift mit dem Namen der Konfektionsfirma, in der er arbeitete und die Szymon gehörte, in großen gelben Buchstaben an der Seite trug, einen breit rot-weiß gestreiften Campingstuhl hineingestellt, auf dem das Kind sitzen sollte.

Neben dem Fahrer, der Wacek war, hatte nur eine Person, seine Frau, Platz, sie aber waren zu dritt und das Kind durfte nicht in der einzigen Reihe und beim Fahrer sitzen.

Während der Fahrt rutschte der Campingstuhl in jeder Kurve in die eine oder andere Richtung und bei Bremsungen musste sich das Kind anhalten oder an der Vorderwand abstützen und hatte ein derart großes Vergnügen, dass es dabei laut lachte und sich auf die nächste Kurve und die nächste Bremsung freute.

Sein Lachen drang durch die von kleinen Löchern perforierte Metallscheibe, die den Laderaum von der Fahrerkabine trennte. Die Fahrt ging voran, auch wenn sich die Straße auf den Semmering in die Länge zog, der Campingstuhl hin und her rutschte und es im Innenraum immer wärmer wurde, denn der Sommer war heiß.

Endlich war da das Südbahnhotel und Ada und Szymon standen schon da, warteten, wenn auch im Abstand zum eigentlichen Parkplatz des Hotels, wo die großen Mercedes und Jaguars und Opel und Rover standen, damit deren Besitzer nicht sahen, wer mit welchem Auto Ada und Szymon in dem eleganten Hotel besuchen würde, denn der Kastenwagen mit dem großen gelben Emblem an der Seite war zwar ein Stolz der Firma, aber die eleganten Hotelgäste sollten nicht sehen, dass aus dem Laderaum, der sich durch die seitliche Schiebetür öffnen ließ, ein Kind herauskam, und man dann in der Türöffnung kurz einen rot-weiß gestreiften Campingstuhl, auf dem das Kind gesessen war, sehen konnte.

Als der Kastenwagen um die Kurve kam, sagte Ada zu Szymon: „Arme Leute sind das", und er nickte, auch wenn ihm die Angelegenheit gefiel, denn niemand anderer der Hotelgäste hatte ein Auto mit einer derart imponierenden Aufschrift, die den Wohlstand des Besitzers zeigte, in der Nähe des Südbahnhotels stehen.

Auch wenn der Platz, an dem Ada und Szymon auf den Kastenwagen warteten, vom Hotel etwas entfernt und außerhalb des unmittelbaren Hotelgeländes lag, war ihnen eine Frau nachgelaufen.

Sie trug einen cremefarbenen Hut mit einem angedeuteten Schleier auf ihren grauen, zu Dauerwellen gekräuselten Haaren, ein fliederfarbenes Kleid, das unvorteilhaft etwas zu eng anlag und ihre zu runden Hüftpölster andeutend zur Geltung brachte, weiße Schuhe und eine weiße Handtasche.

Der Staub der Kieselsteine wurde vom Laufen aufgewirbelt und bildete eine dünne Staubschicht auf den Spitzen ihrer Schuhe. In einer Hand hielt sie weiße, durchbrochene Zwirnhandschuhe, mit denen sie sich immer wieder den Schweiß von den Schläfen tupfte.

„Sie müssen es mir bitte gleich sagen", rief sie ihnen entgegen, „auch wenn ich Sie jetzt stören sollte, aber Sie müssen es mir bitte gleich und auf der Stelle sagen, denn ich habe zwei wunderbare Bridgepartien für heute Nachmittag für Sie zusammengestellt, und die Zeit drängt."

Dann, als sie zögerten: „Sie wären mit den Partnern sehr zufrieden, aber die Herrschaften sind sehr wählerisch, wen sie an ihren Tisch lassen" – und erklärend: „An einem Tisch ist es ein Medizinprofessor mit Frau, am anderen ein sehr wohlhabender Kaufmann. Die fackeln nicht lange herum, sie können es sich aussuchen, weil alle an ihre Tische drängen", und nach einer Pause: „Aber mir vertrauen sie", und sie schlug die Augen nieder.

Szymon sagte, dass er sehr zufrieden wäre, und steckte der Frau einen Geldschein zu, den sie etwas verschämt in die Tasche, die schräg in Hüfthöhe an ihrem Kleid angebracht war, schob und wieder mit schnellen Schritten zum Hotel zurückkehrte, um die Tafel der Bridgestunde, auf der die Tische mit Nummern versehen waren, mit Namen aufzufüllen.

Als sie weg war, sagte Szymon: „Diese Gräfin ist eine dumme Gans." und Ada: „Furchtbar unelegant, hast du das Kleid gesehen? Ordinär in der Farbe und im Schnitt", und dann: „Mia sagt, dass sie nach dem 1. September – bitte, da ist hier noch Saison – angeblich noch immer weiße Schuhe und dazu die weiße Handtasche trägt, obwohl da eigentlich schon Herbst ist", und zusammenfassend: „eine unmögliche und unelegante Person".

„Das kann nur eine jene Gräfin sein", lachte Szymon.

Dann luden Ada und Szymon die Angekommenen auf einen Spaziergang ein, der auf einem Kiesweg vom Südbahnhotel durch den Wald zur Meierei führte, und das Kind lief auf dem Kiesweg voraus, wieder zurück, und spielte nach einer Wegbiegung mit einem Dalmatiner, der es bellend umkreiste und an ihm hochsprang.

Das Kind warf dem Hund einen Ast, den der Hund wedelnd zurückbrachte, um neuerlich den Ast geworfen zu bekommen.

„Schau, der Hund von Rega und Bronek", sagte Szymon. Um die Wegbiegung kamen ihnen eine ein Bein nachschleifende, auf Krücken gehende Frau in einem Kostüm mit kurzer Jacke und schmalem Rock und ein mittelgroßer Mann mit schütteren braunen Haaren entgegen.

Er trug einen dunkelblauen Blazer mit weißem Stecktuch, eine hellblaue Krawatte und mediterran aussehende weiße Leinenhosen, die in dieser schon alpinen Gegend einen ungewöhnlichen, wenn nicht einen sogar etwas deplatzierten Eindruck machten.

Szymon küsste seine Cousine Rega auf die Wange, aber Ada war zurückhaltend, drehte sich beim Kuss etwas weg und küsste mit zur Seite gedrehten Lippen in die Luft.

Als sie nach ein paar Sätzen über das Wetter und das sie erwartende Mittagessen und die bevorstehenden Bridgepartien weitergingen, sagte Ada zu Szymon: „Ein Skandal ist das. Hast du das gesehen? Das Kostüm hat sie von mir kopiert. Ein Skandal ist das. Sie hat sich das Kostüm von dieser kleinen Schneiderin in der Führichgasse, zu der sie immer geht, kopieren lassen, während mein Kostüm von Faschingbauer ist."

Szymon meinte, dass sie sich sicher irren würde, denn seine Cousine Rega hätte es nicht notwendig, die Kleider anderer Frauen kopieren zu lassen.

Doch Ada, aufgeregt und laut: „Aber was irre ich mich, es ist genau wie mein beiges Kostüm. Dafür geht man zum teuersten Schneidersalon der Stadt, damit diese Schlampe es sich noch dazu von einer kleinen Schneiderin kopieren lässt? Ein Skandal ist das, nein noch schlimmer: eine Frechheit und ein Betrug." Und dann:

„Ich werde nicht mehr mit ihr sprechen, bis sie sich entschuldigt haben wird."

Dann schwiegen alle, nur das Kind lief hin und her, doch langsam entfernte sich auch der Hund und lief Rega und Bronek nach.

„Wieso geht sie so schlecht?", fragte Wacek, der Rega nachgesehen hatte.

„Sie war im Konzentrationslager in Ravensbrück und dort Experimenten von irgendwelchen Ärzten unterzogen. Das angebliche Medikament, das die Wunde am Bein, die ihr beigefügt wurde, hätte heilen sollen, hat natürlich nicht gewirkt", antwortete Szymon, „aber immerhin hat sie überlebt, auch wenn sie jetzt das Bein nachzieht. Andere haben das Glück nicht gehabt, wenn man von Glück reden kann, aber letztlich ist es doch ein Glück."

In der Meierei bestellten sie dann für jeden ein Glas saure Milch.

„Diese Milch schmeckt so herrlich wie die beste Sahne", sagte Szymon zu seiner Begleitung.

Am Nebentisch saß ein alter Mann mit sehr blauen Augen, dichten weißen Haaren und einem weißen Schnurrbart und sagte zur Servierin mit osteuropäischem Akzent: „Diese Milch schmeckt wunderbar, danke."

Szymon und Ada und Wacek sahen einander an, rätselten murmelnd, in welche geografische Sphäre sie seinen Akzent einordnen könnten, doch kamen sie zu keinem Schluss.

Szymon sprach den Mann an, fragte, woher er komme, und der Mann sagte: „Aus der Bukowina" und dass er erst vor ein paar Jahren zu seiner Tochter, die in Wien lebte, nach Österreich gekommen wäre, und dann: „Bei der kaiserlichen Infanterie hat man die Sprache gelernt, wenn auch nur für kurz. Man musste nämlich bald einen neuen Gesprächspartner suchen, weil der vorige tot umgefallen war. Aber die Sprache habe ich mir gemerkt. Die Sprache kann ja nichts dafür", und lächelte.

Szymon sagte zu Wacek: „Du wirst sehen: Beim Mittagessen das Bier – das geht einem auch wie Sahne runter."

Als die Glocke am Dach der Meierei als Zeichen dafür, dass es Zeit zur Heimkehr wäre, zu schlagen begann, brachen sie auf, um durch den Wald ins Hotel zum Mittagessen zurückzuspazieren.

Ada ging langsamer als ihre Besucher, hielt Szymon am Arm, um ihn zurückzuhalten, und fragte ihn, wie sie es anstellen sollten, dass das ärmliche Aussehen der Besucher sie nicht im Speisesaal vor den anderen Gästen kompromittieren würde.

„Wir gehen einfach früher hinein und du schaust, dass du einen Tisch am Rand des Saals bekommst – da wird keiner etwas bemerken", antwortete Szymon.

6. Mittagessen mit Bierwärmer

Zurück vom Spaziergang und noch gesättigt von der sauren Milch trafen sie im Südbahnhotel ein und wenn man am Kiesweg auf den Turm am linken Ende des Baus zuging, ahnte man nicht, dass sich nach rechts der prachtvolle Bau erstrecken würde, durch dessen weit offen stehende große und doppelflügelige Tür, die jetzt von einem Hotelpagen mit runder Kappe wegen eines aufkommenden Gewitters, das sich mit Windstößen ankündigte, geschlossen wurde, man ins Innere gelangte.

Durch die kalten Windstöße erfüllte sich die gerade noch sommerliche Landschaft mit einer Ahnung des nahenden, aber doch noch entfernten Herbsts.

Die Gruppe stand in der Hotelhalle und Ada ging – wie Szymon ihr geraten hatte – in den Speisesaal vor, doch nicht nur, um einen Tisch von entsprechender Größe zu bekommen, sondern auch, um den Kellner zu bitten, dass der Tisch am Rand des Speisesaals sein möge.

Sie kam zurück, nachdem sie dem Kellner aufgetragen hatte, die noch offene Weinflasche, die mit einem Schild mit ihrer Zimmernummer versehen war, vom üblichen Tisch, an dem sie zu zweit im Mittelpunkt des Saals saßen, diesmal auf den großen Tisch zu stellen, und sagte zu ihren Besuchern, dass nun alles bereit sei und sie eintreten könnten, auch wenn sie die Ersten wären, die im Speisesaal einträfen, aber das solle sie wohl nicht stören.

Langsam kamen mehr Gäste herein und Ada erzählte, wer wer und was sei und was man über den einen oder anderen hörte – vor allem von der jungen Sperling, die von ihrem Mann angeblich geschlagen wurde, sie aber wegen des Geldes und seiner Hemdenfabrik bei ihm bliebe, dafür aber einen Liebhaber hätte, von dem er nichts ahnte und der „eines wunderbaren Tages" an einem Wochenende Sperling und seine Frau mit seinem roten Sportwagen hier im Hotel besuchen gekommen wäre.

Und dann wären alle drei an demselben Tisch gesessen. Dann lächelte sie und sagte: „Eine interessante Kombination", und: „Der Sperling, der Lemach, ahnt nichts", dann spitzte sie die Lippen und zog sie mit einem roten Lippenstift nach, indem sie in einen Spiegel sah, der im Deckel der gold schimmernden Puderdose, die sie ihrer Handtasche entnommen hatte, angebracht war und außen die Aufschrift „Helena Rubinstein" trug.

Auch Rega und Bronek kamen in den Speisesaal, ohne sich vom Spaziergang umgezogen zu haben, und winkten. Szymon winkte zurück, während Ada tat, als ob sie sie nicht sähe.

„Wieso winkst du denen?", fragte Ada, und: „Es ist doch schon Frechheit genug, dass sie noch immer das von mir kopierte Kostüm trägt und sich nicht umgezogen hat, wo sie doch erkannt haben muss, dass ich diese Perfidie, die sie dank dieser kleinen Schneiderin begangen hat, durchschaut habe."

Es kam zur Bestellung. Auf der Karte der Vollpension, die für die besuchenden Gäste separat bezahlt werden musste, stand eine Frittatensuppe mit Schnittlauch und ein Tafelspitz mit den üblichen Beilagen, von denen Ada sagte, es wären sicher wie zuletzt zu viele Flachsen drin, aber was solle man machen, man müsse eben genug von der Schnittlauchsoße nehmen, die dazu serviert wurde, und dann würde man das Stück Fleisch schon schlucken können. „Es ist unerhört, wie schlecht die Küche hier geworden ist, seitdem sie den neuen Koch haben", sagte sie.

„Verliebt ist er, da alles zu versalzen ist", lachte Szymon mit schnarchenden Lauten.

Das Kind, das vor kurzer Zeit noch mit dem Dalmatiner gespielt hatte, fragte, was denn ein Tafelspitz sei, und Ada sagte zu ihm, dass es nicht vorlaut sein, sondern in seiner Lage dankbar sein solle, wenn es etwas derart Großartiges wie einen Tafelspitz in dieser eleganten Umgebung gebe und es dieses Großartige serviert bekäme – so selbstverständlich sei das alles nicht. Das Kind, so sagte sie zu ihm – und nicht nur, weil es ein Kind sei, sondern auch und überhaupt –, möge sich bescheiden.

„Heute bitte ein Bier dazu", sagte Szymon zum Kellner und Ada ergänzte mit einem Augenaufschlag: „Aber bitte mit einem Bierwärmer. Wir sind nämlich magenleidend."

Nach der Frittatensuppe kam die Gräfin, die Bridgedame, von ihrem Tisch, an dem sie allein das Essen einnahm, an den Tisch der Gruppe und sagte zu Szymon: „Aus der Partie mit dem Professor wird leider nichts, denn er hat selbst andere Partner gefunden, aber wenn Sie erlauben, finde ich eine andere Partie für Sie, auch wenn es schwierig sein wird, sie ähnlich prominent zu gestalten."

Dann verschwörerisch um sich blickend und fast flüsternd: „Der Professor spielt ja nicht gut. Und cholerisch ist er auch." Sie würde bald wiederkommen und ein viel besseres Angebot mit viel besseren Spielern unterbreiten, nickte und eilte zu ihrem Tafelspitz, damit er nicht die nötige Temperatur verliere.

„Ich verstehe das nicht", sagte Szymon und trank einen Schluck Bier, nachdem er zuerst den Bierwärmer entfernt und neben den Teller gelegt hatte, wo er auf dem weißen Tischtuch einen hellbraunen Fleck machte, und dann mit lautem, schnarrenden Lachen: „Den Geldschein von vorher hat sie aber nehmen können und ihn bis jetzt auch behalten …"

7. Der Professor und das Bridgespiel

„Wissen Sie", sagte Mara mit leichtem kroatischen Akzent zum Erben des großen Unternehmens, der sie und ihren Mann mit dem für ihn viel zu großen Auto besuchen gekommen war, „es wird einfach alles schlechter. Nehmen Sie zum Beispiel die Medizin: Eppinger war ein großartiger Diagnostiker. Solche gibt es heute nicht mehr", und: „Ich hatte noch das Glück, bei ihm Vorlesungen in innerer Medizin hören zu dürfen."

Der Professor, der klein war, aber im Sitzen mit seinen zurückgekämmten schwarzen und von Pomade glänzenden Haaren und dem schwarzen Schnurrbart durchaus mächtig und groß wirkte, nickte: „Ja, ein großer Mann", und dann: „Und ungerecht behandelt. Wie so viele. Einen Prozess wollten sie ihm nach dem Krieg machen, weil er angeblich Experimente an Menschen geleitet und sogar selbst gemacht haben soll. Ich selbst habe das so nicht wahrgenommen: Wissenschaftliche Untersuchungen ja, davon habe ich gehört, aber Experimente im wahrsten Sinn des Wortes hat er sicher nicht gemacht."

Dann aß der Professor ein Stück des Tafelspitz, nachdem er ihn liebevoll mit den Zutaten bestrichen hatte, und sagte: „Man stelle sich vor: Eppinger vor einem Gericht, das zum Schluss dem Nürnberger Tribunal – nur eben mit Ärzten als Angeklagten – nachgestellt worden war ... Der liebe und nette Rechtsanwalt, der damals in unserer Nachbarschaft wohnte, hat sogar einen davon vertreten. Diese Causa ist dementsprechend ausgegangen – der Mann ist danach sogar Primar – aber in Deutschland, wo alles anders als bei uns war – geworden."

Und nach einem weiteren Stück Tafelspitz, während die anderen am Tisch auf das Ende seiner Ausführungen warteten: „Bei dem Prozess wäre Eppinger sicher freigegangen, wenn er sich nicht vorher umgebracht hätte. Niemand hätte einen derart großen, um die Medizin verdienten Mann verurteilt", sagte er.

Mara führte die weiße Stoffserviette zum Mund, weil ihr Mann, der Professor, ihr gedeutet hatte, dass ein Stück Essens auf der Unterlippe kleben geblieben wäre. Vorsichtig und um den Lippenstift nicht zu verschmieren, tupfte sie nur leicht und der Professor nickte.

„Ich muss Ihnen einmal die Briefe zeigen, die Richard Strauss meinem Mann geschrieben hat. Und das Foto mit Widmung ... wunderbar ...", und nahm ebenso wie ihr Mann, der Professor, ein Stück vom Tafelspitz auf die Gabel und beschmierte ihn mit den Beilagen.

„Einfach wunderbar", sagte Mara, „obwohl manche Leute damals gesagt haben, er hätte ein Verhältnis mit seiner Schwiegertochter, einer Jüdin, gehabt, aber ich habe das nie geglaubt, denn die Menschen können schon sehr garstig sein."

Der Professor sagte: „Große Männer waren das alles, auch Schönbauer – ein gottbegnadeter Chirurg, solche gibt es heute nicht mehr – vielleicht gerade noch die, die bei ihm gelernt haben. Und nicht nur die Medizin, sondern auch die Weltanschauung war großartig."

„Und so bescheiden war er, sehr lustig, aber bescheiden", erzählte Mara und ergänzte: „Bei unserer Hochzeit war er damals auch, obwohl es ja mitten im Krieg war. Lustig war er damals und voller Späße."

„Ja", sagte der Professor, „und nach dem Krieg hat er immerhin das Allgemeine Krankenhaus gerettet. Er hat eben durch seine verbindliche Art mit allen gut reden können."

Die Bridgedame trat an den Tisch, an dem der Professor und seine Frau Mara mit dem hübschen Erben des großen Unternehmens und der ihn begleitenden schlanken Frau mit blonder gewellter Frisur, die hinten hochgesteckt war und dadurch ihren Hals besonders lang aussehen ließ, saßen: „Ganz nach Ihrem Wunsch habe ich eine andere Partie für Sie zusammengestellt", sagte die Gräfin, „es ist der Rechtsanwalt, der dort im Saal im hinteren Eck sitzt, wenn Sie ihn sehen wollen."

Zufrieden nickte der Professor und gab ihr einen Geldschein: „Danke, aber eigentlich verdienen Sie gar keinen Dank, denn wer könnte auf eine solche Idee kommen, wie Sie sie gehabt haben?"

Die vier am Tisch lachten, die junge blonde Frau lachte mit, auch wenn sie nicht verstand, worum es ging, doch sie wollte nicht unwissend erscheinen. Die Gräfin entschuldigte sich nochmals und kehrte an ihren Tisch zurück, denn die Sachertorte mit Schlag als Nachspeise wartete schon.

„Interessant, was Sie von Richard Strauss erzählen", sagte der Erbe des Unternehmens, „sehr interessant", und sah von der Seite die junge blonde Frau, die er mitgebracht hatte, an und versuchte, in ihren Zügen zu erkennen, ob ihr die Gesellschaft, in die er sie eingeführt hatte, auch wirklich imponieren würde, denn er hatte mit ihr viel vor und dachte, ob er mit ihr vielleicht demnächst auf ein Wochenende nach Bad Gastein fahren sollte, denn dort könnte man viel unternehmen und auch ins Casino gehen, und da würde einem die Zeit nicht lang werden, auch wenn die Frau ihm eher langweilig, aber immerhin nicht unerfahren erschien.

Dann war Stille und alle vier aßen die Sachertorte. Nach einer Weile sagte der Professor: „Weinheber hat sich aber noch vor Eppinger umgebracht", und zum Erben des Unternehmens: „An Ihre Mama kann ich mich gut erinnern – war eine bemerkenswerte Frau und sehr musikalisch."
    Nach einer Pause: „Oft haben wir miteinander vierhändig Klavier gespielt. Eine Freude war das."

8. Am Abend des Jom Kippur Kaffee mit grossem Schlagobersgupf

Es war schon dunkel, obwohl der Tag schön und warm wie im Hochsommer gewesen war. Ada lief immer wieder zum Fenster und sagte zum Kind und seiner Mutter, die mit ihr gemeinsam auf die beiden Männer warteten, die zu diesem hohen Feiertag aus der Synagoge kommen sollten: „Ich weiß nicht, wo sie sind, das Essen wird kalt und sie sind noch immer nicht da. Es ist ja nicht weit von hier."

Ada lief in die Küche und sagte zu Julyi, die eine frische, weiß gestärkte Schürze angezogen hatte, denn immerhin kam ein solcher Feiertag selten und nur einmal im Jahr vor. „Da will man ja etwas gleichschauen", hatte sie mit ihrem ungarischen Akzent zu ihrer Nachbarin gesagt, die neben ihr im Zinshaus im 2. Bezirk in einer schmalen und finsteren Gasse wohnte.

„Anderes Mal: Habe ich mir auch die Haare eingedreht und etwas gefärbt."

„Sie mit Ihren Juden", sagte die Nachbarin, „das wird nicht gut ausgehen. Ich erinnere mich bei solchen Gelegenheiten an meinen Mann, der in den Arbeitersportverein zum Stemmen gegangen ist, obwohl er klein war, und sich dort ein Verhältnis mit der Kassiererin angefangen hat. Ist immer wieder zu ihr gelaufen, war für ihn praktisch, weil sie um die Ecke gewohnt hat. Abtransportiert haben sie sie, und dann war das Verhältnis vorbei. Aber verziehen habe ich ihm das nie."

Dann endlich waren die Männer da und Szymon zog seinen beigen Trenchcoat aus, den er trotz der Wärme des Tages zur Vorsicht angezogen hatte, denn es war letztlich schon Herbst und die Abende konnten kalt werden.

Er fuhr sich mit seinem weißen Taschentuch über die etwas verschwitzte Glatze und die wulstigen Lippen und sagte zu den Frauen: „Heute hat er herrlich den Schofar geblasen", und machte das Geräusch nach, „kolossal war es, wie noch nie."

Dann sagte Ada, dass es höchste Zeit wäre, denn das Essen würde kalt werden, und die fünf Personen setzten sich zu Tisch, auf dem vor dem sechsten Sessel das kleine Foto des Sohns Adas, Kazimierz, den sie seit dem Ende des Kriegs über das Rote Kreuz suchte, in einem grünen Samtrahmen stand.

„Er sah dir sehr ähnlich", sagte Wacek, „hatte dunkle Augen so wie du und diesen etwas entrückten Ausdruck im Gesicht."

„Wie konnte man ahnen, dass die Gestapo gerade, als das Kind nur kurz auf die Straße gegangen war, um draußen zu spielen, zur Razzia vorfahren würde?", entgegnete Ada und nach einer Pause: „Was sollte man machen? Man konnte das Kind ja nicht den ganzen Tag und über all die Jahre im ukrainischen Versteck lassen", und: „Vielleicht meldet er sich doch noch auf einen der Aufrufe vom Roten Kreuz."

Julyi brachte die Suppe und Szymon erzählte, dass auch der Galan der Frau Spielmann, die neben ihnen wohnte, in der Synagoge gewesen sei. „Ich wusste ja, dass er ex nostris ist", sagte Ada.

Dann brachte Julyi das Naturschnitzel mit Reis und Saft, die ungarische Torte mit Buttercreme, die sie von zu Hause mitgebracht hatte, und dann noch den Kaffee, den das Kind nicht trinken durfte, mit einem übergroßen Schlagobersgupf. „Nur das Schlagobers kannst du kosten", sagte die Mutter zu ihm und gab ihm einen Löffel voll. Aber auch dieses weit oberhalb des Kaffees schwimmende Schlagobers schmeckte nach Kaffee und das Kind verzog den Mund.

Die Männer zogen ihre Sakkos aus und Szymon saß mit seinen weißen Hosenträgern da, doch war er noch immer zu wenig erleichtert und machte deshalb den Knopf, der den Hosenbund zusammenhielt, auf.

„Der Schwaller macht schöne Anzüge", sagte Wacek.

„Viel zu teuer", entgegnete Szymon, „und die Hosen sind immer schlecht geschnitten."

„Heuer ist uns das Fasten sehr leichtgefallen", sagte Szymon ins weiße Telefon, das er neben sich gestellt hatte, um die Anrufe der Freunde zu beantworten, „ein gutes Zeichen."

Das Telefon läutete wieder, es war diesmal Adas Freundin Mia und erzählte über ihren Hund Pucci, den sie Puccinello nannte, und erzählte, dass auch er, dieser hellbraune Mops, gespürt hätte, dass es ein besonderer Tag sei, und überhaupt und besonders deshalb würde sie alles Gute wünschen wollen, und das täte sie jetzt.

Das Telefon läutete und läutete, und als es aufgehört hatte, gingen Ada und Szymon die Anrufer durch, ob jemand der Freunde fehlen würde. Aber nein, es waren alle gewesen und das machte sie zufrieden.

Auf dem Heimweg in die Praterstraße sagte Waceks Frau zu ihm: „Glaubst du, werden wir jemals eine ähnlich große Wohnung haben können? Zumindest ein Zimmer für das Kind?" Denn das Kind würde größer und nächstes Jahr mit der Volksschule fertig werden und da wäre es ja doch schwierig, wenn es weiter mit ihnen im Zimmer schlafen würde.

Wacek hob die Achseln und sagte: „Ich kann nicht mehr tun, als zu arbeiten."

9. Rückkehr

Waceks Frau Ophelia war mit ihren regelmäßigen Zügen, der kleinen Nase und den graublauen Augen eine schöne Frau und viele, die sie sahen, sprachen dann von den „schönen Polinnen".

Sie rief jetzt laut, dass sie es nicht aushalten würde, während sie die Praterstraße in Richtung des Pratersterns lief.

Wacek ihr nach, während sie rief, dass das Land unmöglich wäre, die Verwandten schrecklich, ihre Wohnung ein enges, finsteres Loch und überhaupt würde sie lieber in Polen und im Kommunismus, aber unter kultivierten Menschen leben. Hier aber wären alle unkultiviert und uninteressant, vor allem aber Szymon, und Ada schrecklich.

Es ginge ihr schlecht, ganz schlecht, und sie würde deshalb jetzt nach Krakau und nach Hause zurückkehren, zu ihrer Mutter, zu ihren Freundinnen, und Wacek würde schon sehen, wie er dann dastehen würde. Mit dem Kind.

Der Mann ihr nach, an den Leuten vorbei, die nicht verstanden, warum die schöne, weinende Frau an ihnen vorbeilief, was sie in der ihnen fremden Sprache sagte, und sich nach ihr umdrehten, als sie den Mann ihr nachlaufen sahen.

Sahen zu, wie der Mann sie bat, doch vernünftig zu sein, es würde alles gut werden und seine Verwandten: „Ja, die sind schrecklich und sie schlimmer als er", und auch er, Wacek, würde unter ihnen leiden, aber es gebe eben niemand anderen.

Wieder rief Wacek ihr beim Laufen nach, doch Vernunft anzunehmen, denn wie sollten sie denn zurückkehren und wieder in Polen im Kommunismus leben, gerade jetzt, da die Dinge hier ins Lot kämen, und was sollten sie dort, wo es kein Leben mehr für sie gebe und sie keine Zukunft hätten?

Dann rief er, dass sich in Krakau alle über sie lustig machen würden, lachend sagen würden, dass sie gescheitert wären – gerade sie beide, wo sie doch so schön und er selbst unter den Kommunisten erfolgreich gewesen wäre. Sogar ein Auto, einen DKW, hätte er gehabt. Alles das rief der Mann ihr nach, während sie die Praterstraße entlanglief.

Fela antwortete, vom Laufen erschöpft und gegen eine Hausfassade gelehnt: „Nie. Nie wird das mein Zuhause werden", und weinte, als er sie eingeholt und an sich gezogen hatte und sie dann gemeinsam – sie mit tränenverschmiertem Gesicht – Hand in Hand wieder in die Wohnung zurückgingen, wo das Kind in der Ecke saß und zum Fenster auf den finsteren Hof, der von drei Seiten von alten grauen Häusern umgeben war, hinaussah.

10. Eine Karte von Rosenberg, der jetzt Rose heisst

Vorne die Freiheitsstatue, dahinter ein dunkelblauer Himmel, auf der Rückseite stand:
Lieber Wacek,
Wohnung in Brooklyn gefunden, arbeite bei der Zeitung „Afn Shvel". Brooklyn. Wäre vielleicht doch besser gewesen, meinen ersten Namen zu behalten.
Amerika ist wunderbar, der Brandy scheußlich, die Sprache schwierig, aber es wird schon werden, obwohl es schon wieder ein anderes Leben ist.
Es grüßt Dich in alter Freundschaft herzlich
Michal Rose

PS: Wie geht's Deiner schönen Schwester?

11. Schoschana im Hotel Wandl und in der Telefonzelle am Fleischmarkt

Auch wenn der Vater Zahnarzt und seine Ordination gut ausgestattet war, obwohl er den Bohrer altmodisch mit einem Fußpedal bedienen musste, war es für ihn nicht leicht gewesen, seiner Tochter die Fahrt von Krakau nach Wien zu ermöglichen. Aber immerhin war sie das einzige Kind, das er mit Rosalia hatte.

Sie waren beide lebend durch den Krieg gekommen, lebten jetzt in Krakau und Tür an Tür mit der rothaarigen Frau und diesem unmöglichen Halbwüchsigen, der zum Film gehen wollte.

Die Tochter Schoschana war dunkelhaarig und hatte wer-weiß-von-wem eine exotische Schönheit geerbt, denn die Mutter hatte einen kurzen Hals, war klein und nach dem Krieg und dem Frauenlager in Auschwitz dick geworden, während sich mit dem Vater und seinem kleinen angegrauten Schnurrbart und den paar Haaren auf dem Kopf auch keine Ähnlichkeit erkennen ließ.

Rosalia sagte in solchen Gesprächen dann, dass Schoschana ihrer Großmutter – Rosalias Mutter, die „zum Glück schon vor dem Krieg verstorben" wäre – sehr ähnlich sehe, auch wenn der Zahnarzt dann seinen Kopf hin und her wiegte und lächelnd schwieg.

Rosalia hatte aus Auschwitz die eintätowierte Nummer an der Innenseite des Unterarms, die sie unter etwas längeren Ärmeln von Blusen oder Pullovern zu verstecken versuchte.

Nach der Befreiung durch die Rote Armee hatte Rosalia am Fluss, der durch Krakau floss, beim Fest der „Wianki" zum Namenstag des heiligen Johannes, bei dem Blumenkränze mit in ihrer Mitte angebrachten leuchtenden Kerzen den Fluss hinabgeschickt werden, den Zahnarzt kennengelernt und war bald schwanger geworden.

Schoscha, wie sie Schoschana auch nannte, war in der etwas dunklen, mit schweren dunkelbraunen Möbeln ausgestatteten Wohnung, an die die Ordination des Vaters grenzte, aufgewachsen und manchmal hörte sie beim Erledigen ihrer Hausaufgaben die gequälten Schreie der Patienten.

Jetzt aber war Schoscha in Wien und im Hotel Wandl am Petersplatz, wo sie das billigste Zimmer genommen hatte, das auf die schmale Seitengasse hinausging. Sie kämmte sich vor dem Spiegel die langen schwarzen, wenn auch geraden Haare und dachte, dass sie die Eltern anrufen und ihnen sagen müsse, dass sie gut eingetroffen wäre, weil sie sie so sehr darum gebeten hatten.

Radebrechend und mehr mit Gesten als mit Worten, die ihr fehlten, fragte sie den Rezeptionisten, wie und wo sie denn von Wien nach Krakau anrufen könne, und der Rezeptionist schüttelte den Kopf, sagte, dass er das auch nicht wisse, denn eine solche Frage sei ihm noch nie gestellt worden, denn wer kam schon von Polen nach Wien?

Er rief die Telefonauskunft an und erhielt die Antwort, dass ein solches Telefonat nur vom Hauptpostamt am Fleischmarkt möglich wäre.

Der Portier beschrieb Schoscha den Weg, sie verstand kaum ein Wort, dann zeichnete er den Weg auf, denn es war ja nicht weit – zum Stephansplatz, dann die Rotenturmstraße hinunter und die vierte Straße nach rechts – da war der Fleischmarkt und am Ende der Straße links das große Postamt, in dem sie den zweiten Eingang, doch nicht den letzten, in dem nur die Briefaufgabe, nicht aber die Telefonzentrale war, nehmen müsse. Es wäre ein sehr großes Gebäude, sagte er, das sie gar nicht verfehlen könne.

Dort angelangt und nach zwei Stunden Wartens fragte Schoscha die Telefonistin, wie lange es denn noch dauern könne, bis die Verbindung hergestellt sei, und die Frau zuckte mit den Schultern, sagte, dass sie das nicht wisse, denn Telefonate in die Länder des Ostblocks würden einer eigenen Logik folgen, die sie noch nicht durchschaut hätte.

Immer wieder wurden verschiedene Menschen, die auch auf Telefonate, die sie angemeldet hatten, warteten, zum Eintritt in eine der vier Kabinen aufgerufen und man hörte aus den Kabinen, in denen es heiß war und die Türen daher etwas offen blieben, verschiedene Sprachen, nur nicht diejenige Schoschas.

Nach einer weiteren Stunde Wartens wurde Schoscha aufgerufen, „Kabine 2" verstand sie, das Telefon läutete, sie hob ab und auch sie ließ die Tür etwas offen, weil in der Kabine die Luft dumpf stand und der üble Körpergeruch des Mannes, der gerade noch in der Zelle gestanden war, darin hing.

Nach einigen Sekunden des Hin- und Herschaltens der Wiener und der polnischen Telefonistinnen, und nachdem die polnische schließlich „polaczam" („verbinde") sagte, hörte Schoscha Rosalias Stimme, sagte, dass alles gut und sie gut angekommen wäre, dass sie nur das hätte mitteilen wollen, aber sie jetzt aufhören müsse, weil das Gespräch sonst zu teuer würde.

Dann: „Ja, Wien ist schön", sagte sie, „eigentlich ähnlich wie Krakau, aber die Auslagen voller Sachen und die Lebensmittelgeschäfte erst ...", aber sie wäre einsam, auch wenn sie erst vor wenigen Stunden eingetroffen wäre.

„Ruf Getreuers an, sie werden sicher nett zu dir sein, wenn du sagst, dass die Mutter des Kindes und Frau von Henry bei den Appellen im Hof des Frauenlagers immer neben mir gestanden wäre und beim letzten Mal, als wir dort gestanden waren und beim Abzählen, wer erschossen werden würde, sie – knapp an mir vorbei – die Zahl gesagt hätte, die mit ihrem Tod verbunden war, und sie dann meine Hand gedrückt und gesagt hätte: ‚Sag Henry und dem Kind, dass ich sie küssen lasse.'

Dann ist der Schuss gefallen und die Frau ist vor uns, den versammelten Frauen, im Schmutz des Appellplatzes gelegen. Aber das sag lieber nicht."

Und noch: „Bring ihnen den Schinken in Aspik mit", sagte Rosalia, doch dann wurde das Gespräch unterbrochen und Schoscha ging zum Zahlen zur Telefonistin, die am Schalter hinter einer Glaswand, in die ein rundes Loch eingeschnitten war, saß, und dann hinaus auf den Fleischmarkt, auf dem es nach den vielen Stunden des Wartens Nacht geworden war.

Im Hotel Wandl fragte der Portier, der ihr den an einer dunkelroten und abgegriffenen Quaste hängenden Zimmerschlüssel gab, ob das Telefonat gelungen wäre, und Schoschana nickte und ging auf ihr Zimmer. Dort sah sie im Kasten nach, ob die Konserve mit dem Schinken in Aspik noch da wäre, denn einen solchen Schatz musste man hüten.

12. Der Besuch beim Professor

Ada läutete an der Tür der Wohnung, die sich in dem hellen Haus mit imponierendem Eingang in der Lange Gasse befand. Wegen der Nähe zum Allgemeinen Krankenhaus hieß die Gegend „Ärzteviertel" und alle Ärzte, die etwas auf sich hielten, hatten ihre Ordinationen dort.

An der Tür der Ordination, die der Wohnung angeschlossen war, stand der Name des Professors, alle seine Titel und dass er da und dort Primarius wäre, und das gleich an mehreren Stellen, denn er war ein bedeutender Mann.

Die Frau des Professors, Mara, öffnete die Tür. Sie trug ein violettes Kleid, an das sie eine Brosche aus Halbedelsteinen, die mit kleinen Brillanten verziert war und einen Strauß aus Veilchen darstellte, gesteckt hatte, und sagte mit ihrem leichten kroatischen Akzent: „Bitte kommen Sie weiter, mein Mann wird gleich Zeit für Sie haben", führte Ada ins Wohnzimmer, das als Wartezimmer diente, in dem ein weißer Flügel stand, auf dem in einem Goldrahmen ein dunkles Foto von Richard Strauss mit Widmung in schwarzer Tinte derart platziert worden war, dass man es beim Eintreten in den Raum deutlich sehen konnte.

Mara sagte zu Ada, dass sie Platz nehmen möge, doch kaum, dass sie in einem der dunkelroten Armstühle mit den großen und breiten dunkelbraunen Armlehnen saß, ging schon die Tür neben dem Klavier auf und der Professor kam mit seinen schwarzen und von Pomade glänzenden, zurückgekämmten Haaren und dem schwarzen Schnurrbart, diesmal aber im weißen Mantel mit Stehkragen mit ausgestreckten Armen auf Ada zu und rief quer durch das Zimmer:

„Küss die Hand, gnädige Frau, bitte kein Wort, wir kennen uns ja vom Sehen vom Südbahnhotel."

Ada zögerte: „Ach ja, ich erinnere mich, jetzt weiß ich auch, wieso mir Ihre Frau bekannt vorkam."

„Aber natürlich", sagte Mara mit ihrem Akzent, „es war ein schöner, ein wunderbarer Sommer."

„Sie haben einmal ja sogar Gesellschaft gehabt", sagte der Professor.

„Ja", antwortete Ada, „von Verwandten, die erst vor Kurzem nach Wien gekommen sind."

„Darf ich fragen, woher?", fragte der Professor.

„Aus Krakau", sagte Ada.

„Mein Gott, aus Krakau, was für eine herrliche Stadt", entgegnete der Professor, „ich war dort im Krieg stationiert. Die Polinnen waren die schönsten Frauen", und lächelte.

Und nach einer Pause: „Ich muss Ihnen sagen: Auch kulturell war das eine wunderbare Zeit – die beste ‚Lustige Witwe' meines Lebens habe ich in Lemberg gehört", und: „dann spielten sie dort ja auch die ‚Aida' und den ‚Troubadour', ‚Carmen' und die Puccini-Opern. Wunderbar – was für ein Repertoire ...", und leise lachend: „Das Theater dort sieht ja wie unser Burgtheater aus."

„Ja, wirklich, ich erinnere mich gut daran", sagte Ada und fragte: „Wann war das?"

„Ich muss 1943, knapp vor Weihnachten, dort gewesen sein, denn bald danach war ich auf Heimaturlaub und Mara und ich haben geheiratet. Es war ein wunderbares Fest, zu dem sogar der Professor Schönbauer gekommen ist."

„Ich habe in Wien studiert", erzählte Mara, „als Kroatin ging das damals leicht und die Wiener medizinische Schule hatte ja einen so wunderbaren Ruf. Schon allein die Anatomievorlesungen beim großartigen Professor Pernkopf – wunderbar, auch wenn man ihm nachher – wie so vielen großen Männern der Universität – ganz scheußliche Dinge nachgesagt hat. Die Menschen können schon sehr garstig sein."

Sie lächelte leise und senkte den Kopf, wodurch ihr grauer Nachwuchs in der sonst blonden Frisur sichtbar wurde.

Mara stand auf, ging wegen ihres eng geschnittenen Rocks mit nur kleinen Schritten zur Bibliothek, die hinter dem Klavier stand, suchte nach einem Buch, nahm es, brachte es her und übergab es Ada: „Sehen Sie selbst", sagte sie zu Ada, „wie herrlich dieser anatomische Atlas von Professor Pernkopf ist", und zu Ada weiter: „Jaja, blättern Sie nur darin, Sie werden begeistert sein, denn auch für einen Laien sind die Zeichnungen etwas Wunderbares. Wahre Kunstwerke."

Nach einer Pause, während der Professor und seine Frau lächelten, blickte Ada vom Atlas, mit dessen Zeichnungen sie nichts anfangen konnte, auf und sagte zum Professor: „Wir waren offenbar gleichzeitig in Lemberg – Sie im Theater und ich im Versteck", und ergänzte: „Sie offenbar nur kurz, während ich über Jahre dort gewesen bin", senkte die Augen und blätterte langsam im Buch weiter.

Alle drei schwiegen, dann sagte Mara lächelnd: „Es war eine schöne Hochzeit. Meine Eltern kamen aus Kroatien, mein Mann in seiner schönen Ausgehuniform ... Das nächste Mal zeige ich Ihnen ein Foto. Sie müssen unbedingt wiederkommen und da muss mein Mann auch etwas am Klavier vorspielen, er ist sehr musikalisch." Sie fuhr fort: „Dann zeige ich Ihnen auch die Briefe von Richard Strauss. Wir haben sie alle aufgehoben."

Dann schwiegen wieder alle drei, bis der Professor fragte: „Was aber darf ich für Sie tun?"

Ada legte den Atlas neben sich, schilderte ihm ihr Anliegen, dass der Puls manchmal raste, und dass sie eigentlich zu ihm gekommen wäre, weil er ihre Freundin Mia, die ja an Leukämie litt, über die Jahre so gut betreut hätte, dass sie noch immer am Leben wäre, und dass sie, Ada, daher gedacht hätte, dass er wohl auch ihr helfen können müsse, weil ja „die ganze Stadt" so begeistert von ihm spreche.

„Aber gnädige Frau", sagte er, „ich bin ja kein Herzspezialist, da müssen Sie zu meinem Kollegen, dem Professor Stohler, gehen. Das ist der richtige Mann für Sie. Ein ganz wunderbarer, charmanter Mann und ein überragender Herzspezialist."

Nach einer Pause: „Jetzt fällt es mir à propos ein: Mit ihm war ich damals in Lemberg in der ‚Lustigen Witwe'. Da steigen in mir die schönsten Erinnerungen auf."

„Mein Mann ist sehr musikalisch", sagte Mara, „aber auch Professor Stohler ist sehr musikalisch."

„Meine Liebe", setzte der Professor fort, „die Zeiten von Professor Eppinger, der alles konnte, sind vorbei, denn die moderne Zeit verlangt nach Spezialisten."

„Eppinger war ein großartiger Diagnostiker", sagte Mara.

„Ein großer Mann", bestätigte der Professor und erhob sich, um Ada zu verstehen zu geben, dass es Zeit wäre, dass sie nun gehen sollte.

Als die Frauen dann allein waren, bat Mara für die Konsultation um einen Geldschein und begleitete Ada zur Tür. Im Stiegenhaus und hinter der Tür, die nun ins Schloss gefallen war, blieb Ada stehen, wartete, machte ihre Handtasche auf, nahm eine Puderdose heraus und betrachtete ihr Gesicht im Spiegel, der an der Innenseite angebracht war.

Dann flüsterte sie leise: „Ja, das bist du", klappte die Puderdose zu, gab sie in die Handtasche zurück und ging die glatten Stufen des alten Wiener Hauses hinunter.

13. Die Fahrt im schwarzen Opel Kapitän

Der Anruf bei Getreuers, den Rosalia ihr aufgetragen hatte, hatte dazu geführt, dass – wie Rosalia es vorhergesehen hatte – Henry Schoschana zum Abendessen einlud.

Getreuers – der Vater Henry und sein Sohn Fred – lebten in einer Wohnung in der Gumpendorfer Straße oberhalb ihrer chemischen Putzerei. Beide waren sie –

Fred als Kind – in Auschwitz gewesen, hatten überlebt, doch Henrys Frau und Freds Mutter war dort getötet worden.

Nun saßen sie gemeinsam mit Schoschana zu dritt um den Tisch und Henry hatte ein weißes Hemd mit kurzen Ärmeln an, obwohl es schon spät im September war und gerade die erste Welle kalten Wetters, die die düstere Zeit des Jahres ankündigte, über die Stadt gezogen war.

In der Brusttasche des weißen Hemds hatte er Zettel mit Notizen und kleine Bleistifte eingesteckt, die er manchmal und vor allem, wenn er bei der Arbeit war, hinter das Ohr klemmte. Dann befeuchtete er Daumen und Zeigefinger der rechten Hand, blätterte Seiten um und machte darauf Notizen.

Schoschana sah an Henrys Unterarm eine eintätowierte Nummer und dachte an ihre Mutter, die auch eine solche Nummer hatte, sie aber immer unter einem langen Ärmel versteckte.

Schoschana hatte diese Tätowierung am Unterarm ihrer Mutter nie lange zur Gänze gesehen, wenn, dann nur für ein paar kurze Sekunden, wenn der Ärmel hochgerutscht war, was Rosalia zu verhindern versuchte.

Hier aber saß Henry beim Essen in seinem für die Jahreszeit zu leichten Hemd mit den kurzen Ärmeln und man konnte die eintätowierte Nummer an seinem Unterarm genau sehen und sogar entziffern.

„Chemische Putzereien sind momentan ein großes Geschäft", sagte Henry, der große dunkle Ringe um seine auch sehr dunklen Augen hatte, „und wir wollen neben der da unten noch eine in der Mariahilfer Straße eröffnen. Das Lokal dafür haben wir schon. Eine ganz ausgezeichnete Lage, direkt gegenüber vom Kaufhaus Stafa. Großartig. Um die Filiale wird sich Fred kümmern, während ich auf die da unten aufpassen werde, denn ich habe ihn schon sehr gut ins Geschäft eingeführt und dafür eingelernt."

Sie aßen den Schinken in Aspik, den Schoschana aus Krakau in einer Konservendose mitgebracht hatte, und Henry sagte: „Natürlich muss man aufpassen, denn die Angestellten versuchen ja immer, ihre Freunde zu bedienen, und da muss man eben vorsichtig sein und sich vorsehen, weil in einem solchen Betrieb jeder Schilling zählt. Ich schreibe mir alles auf und dann weiß ich auch alles", und klopfte dabei mit der rechten Hand auf die links am Hemd angebrachte Brusttasche.

Schoschana war traurig, dass sie den Schinken stumm aßen und ihn nicht lobten, denn es war sehr schwer gewesen, die Konserve in Krakau zu bekommen, aber ein Patient ihres Vaters, der eine hohe Position in der Partei bekleidete, hatte sie einmal unter einem dünnen Regenmantel versteckt mitgebracht, weil der Herr Zahnarzt ihn um diese Gefälligkeit gebeten hatte.

Der Zahnarzt hatte lang davor nachgedacht, was er Schoschana als Geschenk für Getreuers mitgeben könnte, und die Süßigkeiten der Firma Wedel erschienen ihm zu bescheiden, doch dann fiel ihm der Schinken ein, der wohl ein ideales Geschenk wäre, und so bat er den Patienten, ob er ihm diese Gefälligkeit machen könnte. „Doch schweigen Sie darüber", hatte der Mann bei der

Übergabe in der Ordination leise gesagt und dem Zahnarzt die Konservendose überreicht, auf deren Etikett ein Stück Schinken in dunkelrosa Farbe aufgemalt war, „kein Wort zu niemandem, verstehen Sie?"

Der Zahnarzt verneigte sich und versicherte dem Patienten seine Verschwiegenheit.

„Waren Sie schon in einem Meinl-Geschäft?", fragte Henry, während er aß.

„Nein", sagte Schoschana.

„Da müssen Sie hin", sagte Henry, „die wunderbarsten Sachen gibt es dort und Sie werden staunen. Natürlich nicht für jeden Tag, aber ab und zu kann man dort schon hingehen."

Und nach einer Pause: „Oder gehen Sie auf den Naschmarkt, Sie werden es nicht bereuen."

Fred bot an, eine Stadttour mit ihr zu machen und ihr den Naschmarkt und eine Meinl-Filiale zu zeigen, denn es wäre ja erst früh am Nachmittag und nach dem Kaffee, den er jetzt machen würde, könnten sie losfahren und sie könnte dann auch gleich den neuen schwarzen Opel Kapitän, den Henry gekauft hatte, sehen.

„Ein großartiges Auto", sagte Fred.

„Ein ganz wunderbares Auto", sagte Henry, „von unserem ersten größeren Gewinn erstanden, auch wenn ich es hauptsächlich für Fred gekauft habe, denn er soll es gut haben, wenn er schon ohne Mutter aufwachsen muss", und dann: „Ich versuche, ihm die ganze Familie zu ersetzen, auch wenn wir nur zu zweit sind."

14. Allerheiligen und Allerseelen

Der 3. November nach den zwei schulfreien Tagen zu Allerheiligen und Allerseelen war ein kurzer Schultag und endete um zwölf Uhr, doch gab es ein paar Aufgaben, die die Kinder bis zum nächsten Tag, der ein Samstag war, machen sollten, um nach den zwei freien Tagen nicht zu viel an Unterricht zu versäumen.

Rechenaufgaben waren wichtig – denn die Kinder konnten schon alle vier Grundrechnungsarten, die es jetzt zu perfektionieren galt – und die Lehrerin, die die Tochter eines Bankdirektors war und nach ihrer Ausbildung eine Anstellung in der neu errichteten Schule im 2. Bezirk bekommen hatte, wiederholte das oft.

Der Vater der Lehrerin sah die Zuteilung der Tochter in eine Schule in den – wie er sagte – „miesen" 2. Bezirk nicht gern und hatte beim Stadtschulrat interveniert, damit sie in einen besseren und bürgerlichen Bezirk versetzt würde.

Doch noch war es nicht so weit, auch wenn der Bankdirektor ausgezeichnete Kontakte hatte, und die Lehrerin stand noch vor ihrer Klasse und gab zusätzlich zu den Rechenaufgaben auch einen Aufsatz als Hausaufgabe auf, in dem die Kinder schreiben sollten, was sie zu Allerheiligen und Allerseelen getan hatten und bei welchen Gräbern sie gewesen waren, um das Andenken an ihre Vorfahren zu ehren.

Das Kind sperrte die Tür zur kleinen Wohnung, die nur einige Schritte von der Schule entfernt war, auf, setzte sich an den Esstisch, wo es immer die Hausaufgaben machte, die vor dem Abendessen erledigt sein mussten, damit Platz für Teller, Gläser und Besteck war, und begann zu rechnen, löste alle Aufgaben rasch. Das Kind war ein guter Rechner und mochte die Mathematik, die ihm leichtfiel.

Doch beim Aufsatz wusste es nicht, was es schreiben solle, denn es war mit seinen Eltern bei keinen Gräbern gewesen, weil es keine Gräber gab, die sie besuchen hätten können.

So drehte das Kind das Radio auf, aus dem die schrille Stimme der berühmtesten aller Opernsängerinnnen kam, und schaute auf den dunklen Innenhof, um zu sehen, wann die Mutter nach Hause käme, um sie um Rat zu fragen.

Dann war die Mutter da, drehte das Radio ab und sagte, es solle seine Hausaufgaben machen, sagte, dass sie nicht wisse, was das Kind schreiben solle, sagte, in Krakau wäre das anders gewesen, aber hier wäre man eben allein und da gebe es keine Gräber, die man besuchen könne, sagte, dass sie jetzt das Abendessen machen müsse, denn heute würde der Vater früher nach Hause kommen, weil die Firma, in der er arbeitete, ihm schon um drei Uhr freigegeben hätte, wo ja auch am Samstag gearbeitet werden musste, doch die Angestellten sollten noch Gelegenheit bekommen, um Kohle einkaufen zu gehen, denn der November hatte sehr kalt begonnen, und in den letzten Tagen hatten die Kohlenhandlungen wegen Allerheiligen und Allerseelen geschlossen gehabt.

Wacek kam nach Hause, das Kind fragte, die Mutter wischte sich die feuchten Augen, sagte, dass in Krakau alles anders gewesen wäre, und dass diese Frage wohl gar nicht erst entstanden wäre, sagte, dass sie wieder zurück wolle, worauf Wacek entgegnete, dass das eben nicht ginge, und er hätte ihr das schon oft genug gesagt. Es ginge eben nicht. Die Mutter drehte sich weg.

Wacek wandte sich zum Kind: „Schreib, wir wären am Grabmal des Unbekannten Soldaten gewesen, etwas anderes fällt mir nicht ein."

Das Kind schrieb und fantasierte und schrieb, sie hätten Kerzen dorthin mitgenommen, schrieb, dass es sicher viele Russen gewesen wären, die als Unbekannte gefallen wären, als sie Wien befreiten, schrieb, dass sie beim großen Denkmal am Schwarzenbergplatz Kerzen angezündet hätten.

Am nächsten Schultag zeigte das Kind der Lehrerin den Aufsatz. Sie fragte, ob ihm nichts anderes eingefallen wäre und was es vor allem mit den Russen und der Roten Armee auf sich hätte, und wenn es schon nichts anderes zu schreiben wüsste, er auch die Verteidiger Wiens hatte erwähnen sollen, denn sie selbst würde sich noch an den Schrecken erinnern, den sie empfunden hatte, als sie als junges Mädchen die Russen in die Stadt hätte kommen sehen, sagte, dass sie dann aber zum Glück in der englischen Zone der Stadt gewohnt hätten, wo man als junges Mädchen sicher gewesen wäre. Sagte, dass das Kind doch hätte schreiben sollen, bei welchen Gräbern seiner Familie es gewesen wäre, wie es die anderen Kinder auch getan hätten, und dass das ja nicht so schwer sein könne.

Das Kind entgegnete der Lehrerin, dass es keine Gräber gebe, die sie hätten besuchen können, und dass es das deshalb nicht hätte schreiben können.

Die Gräber, die sie besuchen könnten, wären nämlich viel zu weit entfernt und deshalb könne er mit seinen Eltern nicht dorthin. Sein Vater hätte das auch so zur Mutter gesagt.

Die Lehrerin schüttelte den Kopf und ging zum nächsten Kind weiter, um die Hausaufgaben zu kontrollieren. Dieses Kind, dessen Vater ein Juweliergeschäft im 7. Bezirk hatte, hatte vom Besuch des Grabes der Familie am Zentralfriedhof geschrieben und die Lehrerin sagte zur Seite: „Siehst du, so muss man das schreiben. So hätte ich mir das erwartet."

15. Die Adoption

Szymon ging am Weg von der Firma, die Damenkonfektion herstellte und sich seit ihrer Gründung im Jahr 1956 innerhalb weniger Jahre gut entwickelt hatte, sodass sie sich eine Leuchtreklame am Dach des Eckhauses zwischen der berühmten Kärntner Straße und der Walfischgasse leisten konnte, häufig an diesem Haus vorbei, ging etwas in entgegengesetzter Richtung, um die Leuchtreklame zur Gänze sehen zu können, und war stolz.

Manchmal aber ärgerte er sich, wenn der eine oder andere Leuchtstab ausgefallen war, und der Name der Firma dadurch verunstaltet, manchmal sogar unkenntlich wurde, wenn mehrere Leuchtstäbe ausgefallen waren.

„Was macht das für einen Eindruck?", sagte er dann am Telefon, nachdem die Sekretärin ihn mit der Firma, die die Leuchtreklame installiert hatte, verbunden hatte, und dann nochmals: „Was macht das für einen Eindruck? Sieht ja fast so aus, als ob wir, Gott behüte, in finanziellen Nöten steckten", was sie nicht waren, denn die Firma wuchs, und dann kam Szymons Partner auf die Idee, dass sie Mannequins anstellen könnten, die die Kleider und Röcke – und vor allem waren es die modernen Plissee-Röcke – den Kunden vorführen und dadurch ihr Interesse am Kauf noch steigern würden, denn die Mannequins müssten hübsch sein und wenn die Kunden nicht deswegen kaufen würden, weil ihnen die Ware gefiel, sondern vielleicht auch deshalb, um den hübschen Frauen zu imponieren und sie dann auf ein Wochenende nach Dürnstein oder zum Abendessen ins Fischerhaus an der Wiener Höhenstraße einzuladen, was manchmal gelang.

Eines der Mannequins war eine etwas kleinere, zierliche schwarzhaarige Frau, die ihre Haare nach der Mode hochgesteckt hatte, während die zweite, die die mit etwas Tönung blondierten Haare nach Art der gerade sehr berühmten Marilyn Monroe geschnitten hatte, Susi hieß.

Susi brachte Szymon manchmal einen Kaffee, wenn seine Sekretärin gerade zu tun hatte, und dann legte sie von sich und aus ihrer Handtasche zwei Schnitten der Firma Manner dazu, die nach Haselnüssen schmeckten.

Szymon fragte sie dann, ob sie Eltern hätte und wo sie wohnen würde, und da sagte Susi, dass ihre Eltern schon verstorben wären, der Vater im Krieg gefallen, die Mutter vor wenigen Jahren im Spital auf der Baumgartner Höhe an Tuberkulose gestorben, und so wäre sie allein, und leben würde sie jenseits der Donau in diesem neuen Viertel, wo die Stadt viele neue Häuser mit Wohnungen hingestellt hätte.

Der Zins, den sie zahlen müsse, würde sich schon ausgehen, wenn sie eine Anstellung hätte, und sie wäre ihm dankbar, dass sie in der Firma arbeiten durfte. Aber nicht nur das: Es wäre für sie schön, denn die Arbeit würde ihr sehr gefallen. Das wiederum rührte ihn, er blickte auf den Boden und sah ihre hübschen Unterschenkel und die hohen Stöckelschuhe und unter ihrem Rock kamen die Spitzen eines rosa Unterrocks hervor.

Am Samstag nach der Arbeit, als der Sommer noch nicht zu heiß war, begleitete Szymon sie zu Fuß nach Hause. Knapp nach der Reichsbrücke ging es nach rechts und dann zum Haustor, wo der Mann sie zum Abschied mit seinen wulstigen Lippen auf die Wange küsste und sie ihn zurück, und die Wange länger an der seinen hielt, als er es erwartet hatte.

Er glaubte, den Druck ihres Körpers gegen den seinen zu verspüren, denn die zwei waren von ähnlicher Körpergröße – Szymon durchschnittlich gewachsen, Susi aber mit ihren langen Beinen groß.

Auch nach dem Abschied und nachdem die Frau sich kurz umgedreht hatte, um ihm durch das mit schmiedeeisernen Gittern geschützte Glastor zuzuwinken, und dann im Haus verschwunden war, fühlte Szymon noch den Druck ihres Oberkörpers gegen den seinen.

Der Weg zurück über die Reichsbrücke, die lange Praterstraße und über den Donaukanal bis zum Laurenzerberg war lang, und Szymon zog das Sakko seines hellgrauen Anzugs aus, weil es warm war, und strich sich mit dem Taschentuch über die Glatze, um den in der Sonne glänzenden Schweiß abzuwischen.

Beim Abendessen war er ruhig und Ada fragte ihn, ob ihn etwas bedrückte, was er verneinte. Dann brachte Julyi den Kaffee mit einer großen Haube Schlagobers.

Szymon wartete, bis sie den Raum verlassen hatte, und sagte dann zu Ada, dass ihr Leben allein zu zweit doch traurig wäre, und dass Adas Sohn sich wohl nicht mehr melden würde, worauf Ada sagte, dass sie die Hoffnung nicht aufgegeben hätte, und fragte ihn, wie er so etwas sagen könnte, denn ihr Sohn würde sich sicher, ganz sicher, melden, und dass sie, Ada, wüsste, dass er eines wundervollen Tages zu ihnen an ihre Adresse am Laurenzerberg kommen werde.

Dann zuckte Szymon mit den Achseln, war wieder still.

Wieder fragte Ada, was ihn denn bedrücken würde, denn sie würde es sehen, dass irgendetwas wohl nicht stimmte.

Szymon trank den Kaffee, wischte das Schlagobers mit der Serviette von der Oberlippe ab und sagte: „Was wäre, wenn wir jemanden adoptieren würden?" Dann erzählte er von Susi und wie schön, tapfer und einsam sie wäre und wie sehr es ihm leidtäte, dass sie niemanden hätte, dass sie gut zu ihnen passen würde und es doch nett wäre, eine junge Frau im Haushalt zu haben.

„Du bist verrückt geworden", sagte Ada, „vollkommen verrückt." Mit erhobener Stimme: „Vollkommen verrückt bist du."

Lauter: „Wie stellst du dir das vor?", und noch lauter: „Wie soll das gehen?", und schrie: „Wo wäre denn dann mein Platz? Wozu wäre ich dann noch hier?"

Ada stand auf, ging zum Kasten im Vorzimmer, nahm eine Handtasche heraus und er hörte sie schreien: „Nimm dir doch diese Schlampe, nimm sie dir!", und dann, wie die Wohnungstür ins Schloss fiel.

Ein wenig später fiel die Tür nochmals ins Schloss, weil Julyi mit der Arbeit in der Küche fertig geworden und danach gegangen war, um nicht zu spät allein auf der Straße sein zu müssen, denn in der Gegend des 2. Bezirks, wo sie wohnte, trieben sich um diese Zeit häufig Männer herum, die die dort in der Nacht stehenden Frauen entweder hinbegleiteten oder ihnen folgten. „Anderes Mal", sagte Julyi dann zu ihrer Nachbarin, „will ich davon nichts wissen."

Spät am Abend hörte Szymon die Eingangstür: Ada war zurückgekommen und Szymon hatte sich ohnehin und schon vorher gefragt, wohin sie hätte gehen können – ins Café Prückel vielleicht, sonst aber nirgendwohin, denn sie hatte ja niemanden außer Mia und Wacek.

Ada zog sich aus, zog das ausgeschnittene, rosaseidige Nachthemd von der Firma Braun vom Graben an und legte sich ins Bett, während Szymon tat, als ob er schon schliefe.

16. Wacek und Fela spazieren durch den Prater

Der Prater, der nahe bei ihrer Wohnung im 2. Bezirk lag, war verlassen, niemand dort und die Unterhaltungsbuden geschlossen.

Vorbei an im Winter stillgelegten Autodrom-Hallen, in denen die grellen Lichter abgedreht waren, dem Pony-Karussell, in dem vereinzelt noch Rossknödel auf der Sandbahn lagen, am Walfisch, der in Lebensgröße über dem gleichnamigen Lokal angebracht war, an Schießbuden mit heruntergelassenen Rollbalken, vor denen noch die eine oder andere Papierrose am Boden lag, an Karussellen mit Schwänen, Pferden und Straßenbahnwaggons in Miniaturausgabe und den Geisterbahnen und Grottenbahnen spazierten Wacek und Fela durch das im Winter verlassene Gebiet, das im Sommer so sehr aufgeregt war, jetzt aber schlief.

Bei ihrem Spaziergang drehten sie sich im Kreis, gingen manchmal einen Weg, auf dem sie gekommen waren, zurück, dann wieder auf einen anderen Weg, der sie wie in einem Labyrinth an den Ausgangspunkt des Spaziergangs führte, was sie gar nicht wunderte, denn sie hatten es erwartet.

Und so ging auch ihr Gespräch hin und her, denn Fela meinte, dass ihr Krakau mit ihrer Mutter, den Freundinnen, den Planty und den Cafés derart fehlen würde, dass sie es in Wien nicht aushielte.

Denn in Wien wären die Menschen so anders, würden sich derart anders benehmen und keiner würde ihr die Hand küssen, wie sie es von Krakau gewohnt wäre. Vielleicht neigten sich die Männer nach vor und würden einen Handkuss andeuten, manche ungeschickt ihr Kinn in ihren Handrücken rammen, aber ihre Hand wirklich küssen, wie es sich gehörte, würden sie nicht.

Und dann seien die Männer so uncharmant und würden sich nicht darauf verstehen, eine Frau mit Intellekt zu beeindrucken – sie wären eben anders als die Journalisten und Schauspieler und Schriftsteller und Historiker, die sie in Krakau kennen würde, und die sie alle umschmeichelt hätten, auch wenn sie wussten, dass es nur ein Spiel wäre, aber hier verstand sich niemand auf das Spiel und deshalb würden sie auch die Hand nicht küssen, sondern nur so tun als ob.

Wacek bat Fela mehrmals, während sie zwischen den geschlossenen Buden umhergingen, doch Vernunft anzunehmen, denn wie sollten sie denn zurückkehren – wie konnte das gehen?

Sollten sie mit allen Sachen, die sie hier hätten, zurückkehren und eines Tages sagen, dass sie wieder da wären und so tun, als ob nichts passiert wäre?

„Wie soll das gehen?", fragte er sie mehrmals.

Fela aber sagte, dass eine Tochter zu ihrer Mutter gehöre und umgekehrt – eine Mutter zu ihrer Tochter, aber ihre Mutter wäre nun so weit entfernt und selbst die Briefe, die sie fast täglich an die Mutter schrieb, könnten nicht ausdrücken, wie sehr sie die Fremde bedrückte.

Wacek aber sagte, dass sie übertreiben würde, dass die Menschen auch hier durchaus nett wären, und sie möge nur an Julyi denken, wie treu und ergeben sie wäre.

Sonst aber fiel ihm niemand ein, den er erwähnen könnte, denn sie hatten nur wenige Menschen getroffen – er vielleicht in der Firma, Fela aber gar nicht – und er war sich deshalb dessen bewusst, dass die Einsamkeit und die Fremde drückten.

Das sagte er und lehnte sich gegen eine der mit Brettern zugeschlagenen Schießbuden und weinte. Fela trat zu ihm, versuchte, ihn zu trösten, sagte, dass es ja nicht so schlimm wäre, und dass sie es gemeinsam schon hinkriegen würden, hier zu sein, und „dann müssen wir schauen, jemand zu werden". Jemand, dem sie die Hand würden küssen wollen, wenn man sie ihnen dann nicht entzöge.

Wacek umarmte sie und sie standen zwischen den geschlossenen Buden, weinten und hielten einander fest umschlungen.

17. Im Café Gerstner

Im Café Gerstner, im ersten Stock des Hauses in der Kärntner Straße, das unweit des Stock-im-Eisen-Platzes lag, herrschte am Samstag zu Mittag immer Hochbetrieb, denn es kamen viele Menschen, um zu essen, mehr aber noch, um gesehen zu werden, denn jeder, der etwas auf sich hielt, ging dorthin.

Allerdings galt es, den Verkehr zu überwinden und in der Nähe einen Parkplatz zu finden, was eine Herausforderung war, wenn man wie Fred ein derart großes Auto wie einen Opel Kapitän hatte.

Schoschana war zu Fuß vom Hotel Wandl gekommen, wenn sie auch danach trachtete, sich gerade noch so zu verspäten, wie es vertretbar war, ohne unhöflich zu wirken, denn sie wollte den Kellner in ihrer schlecht erlernten Sprache nicht nach dem Tisch fragen, an dem sie und Fred sitzen sollten.

Als sie kam, war Fred schon da, der dickwangige, kurzhalsige, eher klein gewachsene Fred mit seiner amerikanischen Bürstenschnittfrisur und dem Schnurrbart, der seine Oberlippe bedeckte.

Er war damals und nachdem Schoschana das erste Mal bei Getreuers gewesen war, mit ihr durch die Stadt gefahren, hatte ihr den Naschmarkt gezeigt, war mit ihr über den Ring gefahren, und hatte Schoschana – auch, wenn die Häuser grau und dunkel waren, ihre Fassaden bröckelten, die meist braune Farbe an den Eingangstoren abblätterte, die Straßenbahnen in jeder Kurve laut quietschten und der Opel Kapitän über das unebene Pflaster schaukelte, aber die Auslagen der Geschäfte herrlich hell erleuchtet waren – in Bewunderung für ihn, die erfolgreichen Getreuers und für ganz Wien versetzt.

Nachdem damals Fred Schoschana beim Hotel Wandl am Petersplatz hatte aussteigen lassen und der Portier, der den Opel Kapitän durch die gläserne Tür hatte vorfahren sehen und der Frau wissend lächelnd den Zimmerschlüssel mit der dunkelroten, abgegriffenen Quaste gegeben hatte, ging sie auf ihr Zimmer und schrieb an ihre Mutter Rosalia einen langen Brief über alles, was sie erlebt und noch nie vorher gesehen hatte, und wie wunderbar alles wäre.

Dann steckte sie die vielen beschriebenen Papiere ins Kuvert, auf dem der Schriftzug des Hotels Wandl war, ging zum Portier und bat ihn, den Brief aufzugeben, aber „Bitte express", denn die Schilderung der vielen Eindrücke duldete keinen Aufschub und Rosalia sollte alles erfahren.

Jetzt aber saß Schoschana mit Fred am Tisch des Café Gerstner und die vielen eleganten Menschen, die schönen Frauen, die Männer mit ihren pomadisierten Frisuren, das herrliche Wiener Schnitzel mit den wunderbaren Petersilienkartoffeln, der weiße Wein in der Karaffe und die ausgewählte Höflichkeit der im Lokal hin und her laufenden Kellner berauschten sie ebenso wie es zuletzt die Fahrt durch Wien getan hatte.

Fred neigte sich über das Essen vor, erzählte in seiner etwas lispelnden Sprache, die ganz anders als die von Schoschanas hübschen Verehrern, den Schauspielern vom Krakauer Teatr Słowacki, war, von seiner Kindheit und wie er mit seinem Vater aus Auschwitz herausgekommen wäre; erzählte, wie die Russen sie befreit hätten und dass er sich noch genau daran erinnern könne; erzählte über die jahrelange Trauer des Vaters um die Mutter, an die er selbst sich nicht mehr erinnern konnte, denn er wäre zu klein gewesen, als er sie das letzte Mal gesehen hätte; erzählte, dass die Mutter nicht hätte befreit werden können, weil sie in Auschwitz ermordet worden wäre; erzählte über sein Studium der Architektur an der Columbia Universität, das ihm der Vater aus Europa zum Teil zahlen konnte, auch wenn er, Fred, in den Sommermonaten als Hotelpage im Hotel Waldorf Astoria arbeiten musste, um zu Geld zu kommen, das der Vater nicht schicken konnte; erzählte, dass er deshalb bis heute in jeden Kofferraum eines jeden Autos ohne unausgenützten Zwischenraum Koffer schlichten könnte und den Kofferraum danach auch noch zubringe; erzählte von der Putzerei auf der Mariahilfer Straße, die er führen solle, und welche Pläne er dafür hätte.

Vor allem gelte es, sagte er, die Auslage attraktiv zu gestalten, und da hätte er ganz wunderbare Ideen aus New York mitgebracht.

Es wurde leer im Café und die Leute waren schon zum größten Teil gegangen, während Fred so viel zu erzählen hatte. Schoschana hörte zu, sah um sich, sagte, dass sie nicht so viel zu erzählen hätte, denn im Polen der Kommunisten hätte man nicht viel erleben können, denn alles wäre von der Politik beherrscht gewesen, und deshalb müsse man bei allem und jedem vorsichtig sein und nur manchmal konnte sie mit der einen oder anderen Freundin von Krakau ins nahe Zakopane fahren, wo im Sommer die Heidelbeeren mit der darübergegossenen Milch besonders gut schmeckten.

Von ihren Ausflügen mit dem schönen Stanislaw, den sie vom Studium kannte, erzählte sie nicht, und auch nicht davon, dass sie einmal gefürchtet hatte, von ihm schwanger geworden zu sein.

Aber – so erzählte sie dann – gestern hätte sie an der Wiener Universität, wo sie hingegangen wäre, um eine

Vorlesung auf der Slawistik bei diesem sehr düsteren Professor zu hören, eine Frau kennengelernt, die mit ihrem Mann und ihrem Kind unlängst nach Wien gekommen wäre, und die, während das Kind in der Schule wäre, versuchen würde, ihr Studium, das sie in Krakau begonnen hätte, zu Ende zu führen.

Eine nette Frau sei das gewesen, mit der sie in ihrer Sprache hätte sprechen können, und die Frau hätte ihr auf dem Weg zum Hotel Wandl, wohin sie Schoschana nach der Vorlesung begleitete, von ihrem Ausflug von Gdańsk nach Visby und Stockholm auf dem Schiff „Mazowsze" erzählt und da wäre sie, Schoschana, neidig geworden, denn sie hätte solche Dinge nicht erlebt, weil einerseits ihre Mutter Rosalia sie immer in ihrer Nähe haben wollte, anderseits solche exotischen Ausflüge nur Menschen mit Privilegien oder guten Kontakten zu den Kommunisten vorbehalten gewesen wären.

Dann aber hätte die Frau gestern auf dem Weg zum Hotel Wandl zu weinen begonnen, weil sie sagte, dass ihr das alles und das Land und die Menschen so sehr fehlen würden, und da hätte sie, Schoschana, sie getröstet und gesagt, dass sie doch um sich blicken solle, um wie viel besser es hier als in Krakau wäre, und dann hätte die Frau noch mehr geweint und wäre weggelaufen, ohne sich zu verabschieden.

Als das Café über den vielen Erzählungen der beiden leer geworden war und sie schon lange über den leeren Kaffeetassen saßen, die die Kellner nicht abserviert hatten, weil sie mit dem Aufräumen der leer gewordenen Tische beschäftigt waren, fragte Fred Schoschana mit etwas mehr als gewöhnlich lispelnder Sprache, ob sie ihn heiraten wolle, und sie bejahte.

18. Der Film im Fernsehen und die Schüsse

Es war spät am Abend, als das Telefon in der Wohnung, in der Wacek, Fela und das Kind wohnten, läutete. Sie hatten schon geschlafen, doch der schrille Ton des großen schwarzen Telefons, das an der Wand angebracht war, sodass man nur im Stehen telefonieren konnte, war unüberhörbar.

Wacek stand auf, hob ab, am anderen Ende hörte er ein von Weinen unterbrochenes Schluchzen eines Mannes, den er erst später als Szymon erkannte. Wacek fragte mehrmals, was denn los wäre, und Szymon setzte mehrmals an, begann zu sprechen und weinte dann wieder, sodass Wacek nicht verstand, was er sagen wollte. Ohne zu wissen, worum es ging, sagte Wacek, dass er sich anziehen und zur Wohnung am Laurenzerberg kommen würde, denn bei solchem Schluchzen könne nur etwas sehr Wichtiges und vielleicht sogar Tragisches vorgefallen sein.

Und so eilte Wacek schnellen Schritts über die dunkle Praterstraße, in der nur jede zweite Lampe erleuchtet war, vorbei am Kino, vorbei am Spielwarengeschäft, in dessen Auslage bereits das Licht abgedreht war, über den Donaukanal und den Schwedenplatz zum Laurenzerberg. Vor dem Haus parkte der Cadillac, in dem der Chauffeur hinter dem Lenkrad schlief.

Der Hausmeister öffnete das Haustor des großen Mietshauses, nahm das Trinkgeld und sperrte wieder zu. Die Treppe hinauf, unter dem Türspalt Licht, hinter der Wohnungstür laute Stimmen – Wacek läutete. Szymon öffnete, das Taschentuch in der Hand, zu den Augen geführt, sagte: „Er hat sie alle und dann sich selbst erschossen", weinte wieder, „Rega hat er erschossen, seine Tante hat er erschossen und er, Bronek, ist offenbar Mörder und Selbstmörder."

Wacek fragte, woher er das wissen würde. Szymon sagte, dass die Polizei ihn angerufen hätte, weil er der einzige Verwandte von Rega sei. Der Polizist hätte ihn gebeten, dass er kommen solle, um die Toten zu identifizieren, aber – so sagte der Polizist – es bestehe in Wirklichkeit kein Zweifel, dass Rega und Bronek und seine Tante die Leichen wären, aber trotzdem – hätte der Polizist gesagt – müsse es eben sein, weil es eben niemand anderen außer ihm gebe, auch wenn sie in der Wohnung Ausweise gefunden hätten.

„Zieh dich warm an und nimm einen Schal mit", sagte Ada, als Szymon und Wacek die Wohnung am Laurenzerberg verließen, um durch die dunklen, menschenleeren Straßen, über die Rotenturmstraße und am Geschäft vorbei, wo das Kind immer über den Alligator oberhalb des Eingangs staunte und davor lange stehen blieb, zur Wohnung von Rega und Bronek am anderen Ende der Wiener inneren Stadt zu gehen.

„Er hatte den Revolver, weil er wegen der Pelze, die Frauen aus wohlhabenden Familien in sein Depot gaben, die dort während der warmen Jahreszeiten gereinigt und dann aufgehoben wurden, Angst hatte, überfallen zu werden", sagte Szymon, „auch wenn ich das immer für Flausen gehalten habe. So ein Blödsinn – wer hätte ihn schon überfallen sollen …"

Vor dem Haus standen einige Menschen, eine Frau lief auf Szymon zu, weinte, sagte: „Der gnädige Herr hat mich angerufen, rief ins Telefon, die Nazis wären wieder da, er würde sie im Fernsehen sehen und ich solle auf mich aufpassen", und: „Er selbst wisse, was zu tun wäre, denn ihn und seine Familie würden sie diesmal nicht bekommen."

Szymon ging zu einem Polizisten, verschwand mit ihm im Haus, kehrte nach einer Weile wieder zurück, sagte zu Wacek, der auf ihn gewartet hatte: „Entsetzlich, die ganze Wohnung ist voller Blut und alle drei tot, Rega und die Tante in ihren Betten erschossen, Bronek vor dem immer noch laufenden Fernsehapparat am Boden."

„Kümmern Sie sich bitte um den Dalmatiner, er hat als einziger überlebt", bat Szymon die Frau, gab ihr einen Geldschein und sagte zu Wacek: „Gehen wir, wir haben hier nichts mehr verloren", und wiederholte auf dem Weg durch die Straßen zum Laurenzerberg mehrmals: „So viel Blut", und dann: „So einsam sind wir. So einsam", und dann: „Dazu haben sie alles überlebt, damit das dann passiert."

Dann waren die zwei Männer zurück am Laurenzerberg und Szymon setzte sich im Mantel an den Esstisch, legte seinen Kopf in die aufgestützten Hände und schrie, während er weinte. So ging das einen guten Teil der

Nacht, bis er ermattet den Kopf auf die Hände, die auf der Tischplatte lagen, sinken ließ und einschlief.

Wacek ging in der Morgendämmerung wieder über den Schwedenplatz und die Praterstraße in die Wohnung im 2. Bezirk und sah beim Überqueren des Hofs Fela am Fenster stehen, wo sie während der Nacht gestanden war, um auf ihn zu warten.

19. Der Reisepass

Dem Vater, der zur Hochzeit Schoschanas fahren wollte, hatte das polnische Innenministerium den Pass verweigert. Als Grund wurde ihm mitgeteilt, dass er unzuverlässig sei, und wenn auch seine Frau Rosalia ausreisen würde, dann wäre ihre gemeinsame Rückkehr unwahrscheinlich, und deshalb müsse man ihm die Ausreise verweigern, denn Zahnärzte würden in Polen gebraucht, auch wenn sie schon älter wären und – wie er – nur mehr wenige Haare am Kopf hätten.

Rosalia aber durfte reisen, musste den Pass vom Gebäude des Innenministeriums in der Pomorska Straße abholen. Rosalia kannte das Haus an dieser Adresse, weil sie im Krieg von der Gestapo, die in ebendem Haus residierte, dorthin gebracht worden war, als die Nachbarn ihr Versteck, in dem sie zu überleben versuchte, verraten hatten, bevor sie nach Auschwitz deportiert worden war.

Es war ihr schwergefallen, jetzt wieder in dieses Haus zu gehen, denn in all den Jahren hatte sie die Straße gemieden, nicht nur wegen der Erinnerung, sondern auch, weil man „als ordentlicher Mensch nichts mit dem Gesindel im Innenministerium" zu tun haben wollte. So sagte sie, wenn sie mit ihrem Mann allein war.

Doch jetzt war Rosalia hingegangen, denn Schoscha sollte zumindest ihre Mutter bei sich haben, wenn sie heiratete. Nach langem Warten auf der Holzbank vor der Tür des Zimmers, in dem die Pässe ausgegeben wurden, befahl die breitbeinig in der Zimmertür stehende Beamtin Rosalia, dass sie nun eintreten solle. Auf dem Schreibtisch lag der dunkelblaue Pass mit dem polnischen Adler, doch ohne die Zinnenkrone wie früher, und es stand darunter, dass es die Volksrepublik wäre, die den Pass ausgestellt hatte.

Die Beamtin blätterte die Seiten durch, besah das Foto, verglich es mit Rosalia und als sie überzeugt war, dass es sich offenbar um die idente Person handelte, musste Rosalia die Übernahme des Passes mit ihrer Unterschrift bestätigen, und die Beamtin verglich nochmals diese Unterschrift mit derjenigen, die im Pass aufschien.

Danach wurde Rosalia von der Beamtin belehrt, dass sie nach ihrer Rückkehr den Pass innerhalb von sieben Tagen beim Amt des Innenministeriums an ebendieser Adresse, allerdings im Nebenraum des Zimmers, wo sie gerade saß, zurückzugeben hätte.

Rosalia gab den Pass in ihre Handtasche und ging durch die Gänge des Hauses, die ihr bekannt vorkamen, zum Ausgang. Manchmal kam jemand aus einem der Zimmer, um in einem anderen zu verschwinden.

Der Portier grüßte nicht, als sie aus dem Haus auf die Straße trat, wo sie bald um eine Ecke bog, die Handtasche öffnete und den Pass nochmals ansah.

Zu Hause zeigte sie dem Zahnarzt den Pass, und er sagte, dass sie sich keine Gedanken über ihn machen solle, denn das Glück Schoschanas wäre wichtiger als seine Anwesenheit und er würde in Rosalias Abwesenheit allein schon durchkommen.

20. Das Paket

Da Fela auf der Universität Vorlesungen zu hören hatte, nahm Wacek das Kind mit, um das ihnen angekündigte Paket vom „Joint", über den Wacek und Fela immer wieder sprachen und sich von dort Hilfe erhofften, abzuholen.

Sie gingen entlang des Donaukanals, über den Kai, bogen dann nach dem neuen großen Hochhaus nach links ab, gingen den Ring hinauf, bis sie zum Schottentor kamen, wo sie nach rechts abbogen, und da schon das Haus war, auf dem „Victoria Versicherung" stand. Neben dem Eingang war ein Schild mit der Aufschrift „Jewish Joint Distribution Committee" und „1. Stock" angebracht.

Wacek nahm das Kind an der Hand und gemeinsam gingen sie zum ersten Stock hinauf, wo Wacek an der Tür läutete, an der wieder „Jewish Joint Distribution Committee" stand, und dem Mann, der öffnete, seinen Namen nannte und den Brief vorwies, in dem ihm das Paket angekündigt worden war.

Der Mann ging hinter einen Schreibtisch, suchte auf einer Liste, die dort lag, nach dem Namen, strich Waceks Namen und eine Paketnummer durch und bat Wacek und das Kind wortlos mit einer Geste, ihm zu folgen. Gemeinsam gingen sie durch zwei große Zimmer, die voll von großen Schachteln waren, und im dritten zögerte der Mann, sah sich um und zeigte schließlich auf ein Paket, das Wacek gehören würde.

Nach dem Umschlichten der darüberstehenden Schachteln durfte Wacek sein Paket nehmen, doch er brachte es nur mit Mühe ins Parterre des Hauses und der Weg zu Fuß und zurück in die Praterstraße war nicht vorstellbar, die Straßenbahn für Wacek, das Kind und das Paket, für dessen Transport man sicher auch zahlen musste, zu teuer.

Wacek bat das Kind, auf das Paket aufzupassen, sagte, dass er nicht wisse, wie lange es dauern würde, bis er zurückkäme, aber das Kind möge sich nicht von der Stelle rühren. Danach überquerte Wacek die Währinger Straße und ging zur Universität, um auf seine Frau Fela zu warten, die nach dem Ende der Vorlesung beim großen Eingang, der auf die großzügige Rampe und die breiten Treppen hinausführte, herauskommen musste.

Der Mann setzte sich auf die breiten, zur Straße hinabführenden Stufen und wartete. Die Zeit wurde lang und immer wieder stand er auf, um zu schauen, ob er das Kind vor dem Haus, auf dem „Victoria Versicherung" stand, sehen konnte. Wenn die vorbeifahrenden Autos etwas Raum ließen, glaubte er dann, das Kind und daneben das Paket zu erkennen, doch war die Entfernung groß.

Endlich kam Fela aus der Universität heraus, neben ihr die schwarzhaarige, exotisch schöne Schoschana, und Wacek erzählte Fela die Geschichte vom Paket, bat sie, ihm beim Tragen zu helfen, und Schoschana sagte, dass sie auch gern mithelfen würde, und so gingen sie zu dritt zum Kind, das vor dem Haus, auf dem „Victoria Versicherung" stand, wartete.

Fela und Schoschana waren aufgekratzt, machten Witze über den ernsten Professor, dessen Vorlesung sie gerade gehört hatten, Fela machte ihn nach, indem sie mit dem Kopf wackelte, und alle drei lachten.

Schoschana machte wiederum einen Studenten nach, der dem Professor gefallen wollte, und wiederum lachten alle drei.

Gemeinsam trugen sie das schwere Paket in die Praterstraße, doch wurde der Weg lang, aber die beiden Frauen, die so unterschiedlich aussahen, wenn auch beide auf ihre Weise schön waren, sodass sich die vorbeigehenden Männer nach ihnen umdrehten, machten Späße, lachten über die Vorübergehenden, die sie wegen der fremden Sprache nicht verstanden, was Fela und Schoschana noch mehr zum Lachen brachte.

Beim Tragen des Pakets mussten sie einander abwechseln und nur das Kind ging daneben und sprang auf jede niedrige Mauer, um etwas erhöht einherzugehen.

Endlich waren sie in der Praterstraße und in der Wohnung angelangt, Schoschana blieb bei ihnen, sie öffneten das Paket und da waren Trockenobst in Papiertüten, Konserven mit Corned Beef und anderen Fleischsorten, Nudeln, Zucker, Milchpulver ….

„Amerika", sagte Wacek, „das ist Amerika."

Fela machte eine Konserve auf, der Geruch des eingelegten Fleischs stieg ihr in die Nase und sie sagte, dass sie jetzt, „jetzt", froh wäre, nicht mehr in Polen zu sein.

Sie luden Schoschana ein, zum Essen zu bleiben, Fela verteilte das Fleisch auf vier Teller, und das Kind sagte beim Essen: „Amerika muss wunderbar sein."

Während des Essens fragte Wacek Schoschana nach ihren Freunden in Krakau und ob es möglich sei, dass sie vielleicht den einen oder anderen gemeinsamen Bekannten hätten.

Schoschana erzählte dann von ihren Freundinnen Irene und Sophie, die beide schon Kinder hatten, vom schönen Stanislaw und ihrer rothaarigen Nachbarin mit dem Sohn, der zum Film gehen wollte und sein Zimmer mit Filmstars aus dem Westen austapeziert hätte.

Wacek und Fela lachten und erzählten von ihren Freunden und dann wurde es spät und Schoschana ging, um rechtzeitig ins Hotel Wandl zu kommen, damit sie den Anruf von Fred nicht verpasste, der immer am Abend anrief, und sie ihn nicht enttäuschen wollte.

21. Susi und Szymons Nebenbuhler

Szymons Partner in der Firma war ein hektischer, kleiner, gedrungener Mann mit Schnurrbart und einer von einem kurz geschnittenen Haarkranz umgebenen Glatze. Er hatte die Ärmel seines immer weißen Hemds, das er am Kragenknopf offen trug, aufgekrempelt, und vor lauter Hektik und schnellen, abrupten Bewegungen quoll das Hemd hinten aus der Hose, bis es über der rechten Hüfte zur Gänze herunterbaumelte.

Er war zu Anfang des Kriegs als schon etwas älteres Kind nach England gekommen, wo er gegen Kriegsende seine Frau, eine wenig hübsche, sehr schlanke Person mit hervorquellenden, kurzsichtigen, grünlichen Augen, einem ovalen Gesicht und jetzt unter einer sich über die Stirn wölbenden Dauerwellenfrisur, kennengelernt hatte.

Die Eheleute sprachen miteinander Englisch, wenn auch die englischen Worte in der Umgebung des 2. Bezirks, wo die Firma war, oder im 4. Bezirk, wo sie wohnten, nicht exotisch, sondern geziert klangen und von einem eigentümlichen, nicht zuordenbaren Akzent gekennzeichnet waren.

Das Paar hatte eine Tochter, auf die es stolz war, auch wenn sie das unvorteilhafte Äußere von der Mutter geerbt hatte, und dieses mit der Überheblichkeit einer höheren Tochter verband, wozu die katholische Eliteschule für Mädchen, auf die sie geschickt worden war, beitrug. In dieser Schule war sie nun, obwohl die Eltern Juden waren, doch dies – obwohl es alle in ihrer

Umgebung wussten – zwar nicht bestritten, aber ungern darüber sprachen und Fragen dazu auswichen.

Der Mann hatte unter den Zuschneiderinnen, den Näherinnen oder den Verwalterinnen immer wieder Frauen, die es sich gefallen ließen, für Liebschaften ausgewählt.

Nun war er aber schon eine ungewöhnlich lange Zeit mit der Prokuristin des Unternehmens, einer Frau, die allen unter ihrem Vornamen als Liesl bekannt war, in einer Liebesbeziehung, die beide zu verheimlichen versuchten, wenn auch alle in der Firma darüber Bescheid wussten.

Liesl hatte dunkelrotes Haar, sehr weiße Haut mit vielen Sommersprossen und ein langes, eckiges Kinn, das ihr Gesicht unvorteilhaft dominierte, und weswegen sie offenbar etwas lispelte.

Eines Tages kam Liesl in Szymons Büro, sagte der Sekretärin, dass sie ihn dringend sprechen müsse, sagte, dass es jetzt, ja, sofort sein müsse, und bat danach Szymon, dringend, ja: „wirklich dringend" mitzukommen, weil sie gemeinsam etwas inspizieren müssten, das ihr gerade von einer der Zuschneiderinnen zugetragen worden wäre, und sie müssten jetzt beide nach der Ordnung sehen, denn eine Firma dieser Größe würde keine Schlampereien dulden, noch dazu solche, die von mehreren Personen beobachtet werden würden.

„Sauberkeit und Ordnung müssen sein", sagte sie beim Gehen und Szymon nickte.

So gingen sie durch den großen Saal, wo die Zuschneidetische standen, auf denen viele weiße Kreidequadrate und damit angezeichnete Stoffe lagen, an den Schneiderinnen vorbei und zur Tür des Salons, wo für interessierte Käufer seit kurzer Zeit als bedeutendste Neuerung der Firma Modeschauen stattfanden und wo die zwei Mannequins die in der Firma von Liesl entworfenen Modelle vorführten.

An der Tür zum Salon sagte Liesl zu Szymon: „Bitte", und deutete auf die Klinke, „treten wir ein."

Szymon öffnete die Tür und da sahen sie auf dem samtüberzogenen Sofa, auf dem die Kunden Platz zu nehmen pflegten, Szymons Partner in inniger Umarmung mit Susi, die den rosa Unterrock weit über die Hüften hochgeschoben hatte, während ihre Schuhe mit den hohen Absätzen unordentlich vor dem Sofa standen.

Beim Eintreten von Liesl und Szymon schob sie den Mann mit einem Schrei von sich weg. Er setzte sich an den Rand des Sofas, zog die Hose hoch, während das verdrückte Hemd aus der Hose baumelte.

Susi strich mit im Liegen erhobenem Unterkörper den rosa Unterrock und den darüberliegenden Rock zurecht und versuchte, mit den Händen das nach dem Stil der Marilyn Monroe frisierte Haar zu richten, was nur mäßig gelang, sodass ihr einige Haarsträhnen unordentlich ins Gesicht hingen.

„So wird das mit der Adoption nichts werden", sagte Szymon zu Susi und lachte laut, während Liesl den Raum verließ, in ihr Büro lief und sich dort einsperrte.

22. Hochzeitsvorbereitungen

Schoschana hatte die Eltern immer wieder aus Wien angerufen, Briefe geschickt, in denen sie erzählte, dass sie am Postamt immer sehr lange auf eine telefonische Verbindung warten müsse, weshalb sie lieber schreiben würde, schrieb, dass Getreuers viel arbeiteten, rechneten, miteinander stritten und sich dann missmutig versöhnten, schrieb über die Putzerei in der Gumpendorfer Straße und dass die neue Putzerei in der Mariahilfer Straße sich sehr gut eingeführt hätte, und das besonders deshalb, weil Fred viele Ideen aus New York mitgebracht hätte, wie die Auslage ausgestattet werden könnte: So gab es Miniaturbahnen, die durch Tunnel fuhren oder Zwerge, die mit ihren Zipfelmützen in einem Bergwerk arbeiteten, und die Leute blieben vor der Auslage stehen, um das alles zu bewundern, merkten sich dadurch die Putzerei und brachten ihre Sachen zum Reinigen hin.

Schoschana schrieb, dass Fred sehr nett zu ihr sei, aber dick und tapsig, und einen amerikanischen Haarschnitt hätte, schrieb auf die Frage Rosalias, dass sie ihn nicht liebte, nicht wie Andrzej, den Komödianten vom Teatr Słowacki, und nicht wie den schönen Stanislaw, der mit ihr studiert hatte und dem alle Frauen des Semesters nachgelaufen wären, er aber nur für sie, Schoscha, Augen gehabt und sie zum Schifahren nach Zakopane mitgenommen hätte.

Schrieb, dass sie sich schon noch an Fred gewöhnen würde, weil er nett und freundlich und aufmerksam wäre und ihr Blumen aufs Zimmer im Hotel Wandl schicke, das sie mit dem Geld, das ihr Henry immer wieder zusteckte, seitdem sie eingewilligt hatte, Fred zu heiraten, bezahlen konnte.

Im letzten Brief schrieb sie, dass sie sich auf die Hochzeit freue, auch wenn es sehr traurig wäre, dass die Kommunisten dem Vater die Ausreise und den Pass verweigert hätten, denn wer solle sie jetzt bei der Hochzeit dem Bräutigam zuführen?
Rosalia schrieb zurück, dass auch sie sich sehr freuen würde, auch wenn ihr Mann, der Zahnarzt, nicht mitkommen dürfe.
Aber sie, Rosalia, sie würde Schoschana bei einem derart gewichtigen Schritt in ihrem Leben nicht alleinlassen, und sie würde schon eine Lösung finden.

Als PS fügte sie zum Brief hinzu: Wie die Nachbarin mit den roten Haaren und dem halbwüchsigen Sohn, der zum Film gehen wollte, herausgefunden hätte, wäre der schöne Andrzej vom Teatr Słowacki schon immer und auch damals, als Schoschana das Verhältnis mit ihm gehabt hätte, verheiratet gewesen, auch wenn er ihr davon nicht erzählt habe.
Angeblich wäre der Bruder dieser seiner Ehefrau nach Wien emigriert und vielleicht würde sie ihn ja einmal treffen, um mehr über die Geschichte herauszufinden, falls es sie interessieren würde. Aber anderseits: Jetzt würde sie, Schoschana, ja selbst heiraten und dann wäre das alles vergessen und unwichtig.

Schoschana zögerte, las nochmals das PS, bevor sie auch diesen Brief in das große gelbe Kuvert, in dem sich alle Briefe von Rosalia befanden, steckte.

23. Rosalia fährt von Krakau nach Wien

Der Zahnarzt brachte Rosalia mit seinem dunkelgrünen Auto der Marke Wolga, das er über seine Kontakte zu Patienten, die in der Partei an hohen Positionen waren, bekommen hatte, von Krakau nach Katowice, von wo spät abends der Zug mit den Waggons nach Wien, die später an den Chopin-Express, der von Moskau kam, angekoppelt wurden, abfuhr.

Von Krakau nach Katowice war es eine lange, finstere Fahrt, die Straße eng, doch kam nur selten ein Auto entgegen, das den Wolga-Lenker mit seinen Scheinwerfern blenden hätte können. Manchmal jedoch und wenn ihnen ein Lastwagen entgegenkam, war der Zahnarzt angespannt und der Schweiß trat ihm dünn auf die Stirn, denn die Straße war dann sehr eng und er fürchtete sich vor der einsamen Rückfahrt nach Krakau und was ihm da alles widerfahren könnte.

Rosalia stieg in den Zug, der Zahnarzt winkte, sie aus dem Fenster zurück, „Ruf an", rief er Rosalia zu, die nickte, und dann wurde es Nacht und der Bahnsteig finster, denn die wenigen Lampen vermochten ihn nicht zu beleuchten.

Der Zug blieb lange in Zebrzydowice an der Grenze Polens zur Tschechoslowakei stehen, draußen erleuchteten grelle Scheinwerfer die Waggons, Soldaten gingen mit kläffenden und an ihren Leinen zerrenden Schäferhunden den Zug entlang und leuchteten mit großen Taschenlampen unter die Waggons.

Andere Soldaten gingen den Zug im Inneren ab, betrachteten lange jeden Pass der wenigen Passagiere, ließen die Koffer von den Halterungen oberhalb der Sitze herunterheben, sie öffnen, durchwühlten dann die darin befindlichen Sachen und wenn die Soldaten zufrieden waren, gingen sie fort und hinterließen den Geruch nach ihrer modrigen Kaserne, nach Schweiß und Tabakrauch.

Dann fuhr der Zug los und hielt immer wieder in Ortschaften mit tschechischen Namen, doch niemand stieg ein oder aus.

In Bresov und an der Grenze zu Österreich hielt der Zug wieder lange, doch gab es keine Kofferinspektion, und in Hohenau in Österreich hielt der Zug wiederum lange an und es gingen wiederum Uniformierte und ein Schaffner in einer dunkelblauen Uniform durch und überprüften Pässe, Zugkarten und ihre Gültigkeit.

So wurde die Fahrt trotz der geringen Entfernung der Orte lang und anstrengend, doch wartete am Morgen am Wiener Ostbahnhof Schoschana.

Rosalia und sie weinten, als sie einander sahen, hielten einander an den Händen, als sie den Bahnsteig entlanggingen, hielten einander an den Händen, als sie in die Straßenbahn stiegen, hielten einander an den Händen, als sie den Weg zu Fuß ins Hotel Wandl gingen und einander beim Tragen des Koffers abwechselten.

Schoscha sagte zur Mutter, dass Fred nett wäre, aber natürlich nicht so schön wie Stanislaw, sondern eher unbeholfen, und sie fragte nach Stanislaw und ob die Mutter etwas von ihm wüsste. Rosalia verneinte, auch wenn sie so einiges über ihn gehört hatte, doch wollte sie Schoschana nicht kränken.

Nach Andrzej vom Teatr Słowackiego fragte sie nicht, denn sie fürchtete sich vor ihrem Schmerz, dafür erzählte sie der Mutter, dass sie mit Fred sicher gut würde leben können, und Henry, mit dem Fred in der Gumpendorfer Straße wohnte, versprochen hätte, sich zurückzuziehen, damit Fred und sie nach der Hochzeit auch Platz in der Wohnung hätten.

Im Hotel brachte Schoscha Rosalia in ihr Zimmer und Rosalia beeilte sich, den Koffer aufzumachen, um Schoscha ihr Hochzeitskleid zu geben. Die Schneiderin in Krakau hatte es nach der Erinnerung an Schoschas Maße genäht, doch war es nicht weiß, sondern hellblau, weil es weißen Stoff im größten und besten Krakauer Stoffgeschäft nicht gab, weil er ausgegangen war.

„Du bist so schön, da sind das Kleid und seine Farbe egal. Probier es an, damit ich mich zu freuen beginnen kann", sagte Rosalia.

Schoscha war wegen der Farbe enttäuscht, aber sie dachte, dass das Schicksal schon recht gehandelt hätte, denn nach dem Komödianten Andrzej und dem schönen Stanislaw und ihren Ausflügen nach Zakopane war es nur richtig, kein weißes Kleid zu tragen, auch wenn sie diese Erklärung bei Getreuers für sich behalten musste. Da war es praktisch, auf den Mangel an weißem Stoff im kommunistischen Polen hinzuweisen, worüber alle den Kopf schütteln würden, und damit und mit der Empörung darüber wäre die Sache dann ohnehin erledigt.

Rosalia sagte dann, dass sie sich von der langen, wenn auch nicht weiten Bahnfahrt erholen müsse, und Schoscha bat sie, sich hinzulegen, denn sie selbst müsse ohnehin zu Getreuers wegen der Planung ihrer – wenn auch kleinen – Hochzeit, die für den nächsten Tag angesetzt war.

Schoscha sagte noch zu Rosalia, dass sie sich nicht kränken solle, denn es würden nur wenige Gäste kommen, denn Getreuers kannten in Wien vor lauter Arbeit kaum jemanden, und sie selbst würde nur diese Frau, Fela, die auch aus Krakau kam, kennen, die sie an der Universität getroffen hätte und mit ihr dort ins Gespräch gekommen wäre.

Die Frau wäre mit Mann und Kind vor wenigen Jahren nach Wien emigriert und: „Ich verstehe mich mit der Familie gut und sie sind fast schon derart nahe Freunde, wie ich sie in Krakau gehabt habe."

24. Eine Karte aus Tel Aviv

Vorne ein Foto einer Boeing 707 mit dem Schriftzug „El Al", hinten Grüße von Michal Rose, der in kleiner Schrift schrieb: „Bin auf Urlaub in Tel Aviv und grüße herzlich. Werde hier bleiben, Amerika ist nichts für mich. Am Strand eine wunderschöne Frau kennengelernt, Sarah. Wir werden heiraten.

Der Vater – die Familie ist aus Polen und welches Vergnügen, mit Menschen Polnisch sprechen zu können – besitzt ein Kaffeehaus im Zentrum von Tel Aviv. Werde dort arbeiten, an der Kasse sitzen. Alles schon verabredet. Es ist wieder ein anderes Leben, ein neues Leben. Befreit, Michal (vielleicht bald wieder Rosenberg)"

25. Essen am Sonntag im Restaurant „zur Linde"

„Was soll ich euch erzählen, was am Donnerstag passiert ist", sagte Ada, als sie am Sonntag gemeinsam mit Szymon Wacek, Fela und das Kind im Restaurant „zur Linde" in der Rotenturmstraße traf.

„Mia ist nach unserem gemeinsamen Mittagessen, zu dem wir sie immer an einem Donnerstag beim Gerstner treffen, schlecht geworden und da rief sie uns an und fragte, wie es denn uns ginge und was wir gegessen hätten, und sagte, dass sie dieses Pilzrisotto bestellt hätte, und im Gespräch stellte sich heraus, dass wir das auch gegessen haben."

Und: „Was soll ich euch sagen? Wir dachten alle drei an eine Pilzvergiftung und Mia hat gesagt, dass sie den Professor anrufen würde, was man tun könne, und sagte, sie würde danach wieder anrufen. Nach einigen Minuten läutete wieder das Telefon und Mia erzählte, dass der Professor ganz ruhig am Telefon gewesen wäre, aber ihr mitgeteilt hätte, dass bei einer Pilzvergiftung der Tod in zwei Stunden eintreten würde, denn er hätte das im Krieg persönlich gesehen, ja angeblich sogar bei vergifteten Menschen beobachtet."

Der Kellner kam, sie bestellten Getränke – Ada und Szymon Bier mit einem Bierwärmer – und das Essen.

Dann erzählte Ada weiter: „Szymon und ich haben uns also an den Esszimmertisch gesetzt und Szymon hat seine Taschenuhr auf den Tisch gelegt – es war knapp zwei Uhr – und Szymon sagte: ‚Wenn wir um vier am Leben sind, ist alles gut gegangen.' So saßen wir also da und warteten auf den Tod. Es wurde drei, es wurde halb vier – und nichts geschah. Um vier Uhr fielen wir einander in die Arme, denn da war klar, dass wir überleben würden."

Nachdem die Speisen serviert worden waren, rief Ada den Kellner: „Herr Ober", sagte sie, „das Essen ist scheußlich, besonders die Karotten – so bitter, dass sie nicht zu essen sind."

Der Kellner verzog das Gesicht, Ada sagte zu ihm: „Probieren Sie. Probieren Sie. Scheußlich sind die Karotten, die Sie da zum Lungenbraten servieren, und übrigens ist der Bierwärmer kalt."

Der Kellner nahm einen Löffel, probierte die Karotten, führte den Löffel zum Mund, spuckte kurz darauf die Karotten, die mit seinem Speichel vermischt waren, auf den Löffel zurück, sagte: „Wirklich scheußlich, verzeihen Sie", drehte den Löffel mit den Karotten und dem Speichel auf Adas Teller, klopfte mit dem Löffel gegen den Tellerboden und servierte den Teller ab.

„Ein unerhörtes Benehmen", sagte Ada, und Szymon: „Da kann man nicht mehr herkommen. Wir müssen uns ein anderes Lokal suchen."

„Mein Essen ist gut", entgegnete Wacek und das Kind, das einen Bauernschmaus mit einem großen Semmelknödel aß, sagte, dass es ihm auch schmecken würde, und wenn sie woanders hingingen, dann bitte doch in ein Lokal, wo es auch einen solchen guten Bauernschmaus geben würde.

„Schweig", belehrte Ada das Kind, „denn das verstehst du nicht. Sei froh, dass du mit uns sein kannst und nicht zu Hause warten musst, bis die Eltern nach Hause kommen."

Fela sprang auf, sagte, dass sie es nicht mehr aushalten würde, sagte, dass sie ihr Kind niemals allein an einem Sonntag zu Mittag zu Hause lassen würde, dass Ada – wenn sie so spräche – es eben nicht verstehe, was es bedeute, ein Kind zu haben, und überhaupt wären diese Treffen am Sonntag für sie unerträglich.

Die Frau lief hinaus zur Tür, auf die Rotenturmstraße, Szymon ihr nach, um sie zurückzuholen.

Ada schluckte, begann zu weinen, schluchzte in die Serviette, sagte zu Wacek, dass sie sehr wohl verstehe, was es bedeutete, ein Kind zu haben, stünde doch das Foto von Kazimierz auf ihrem Nachtkästchen, und wenn sie in der Nacht nicht schlafen könne, würde sie das Foto betrachten und sich ausmalen, wie es wäre, wenn er eines Tages an der Wohnungstür am Laurenzerberg läuten würde.

Das Kind aß den Bauernschmaus und war gerade bei der Blutwurst angekommen, als Szymon mit Fela wieder ins Restaurant kam, sie mit von ihren Tränen verschmierter schwarzer Schminke rund um die Augen, und sie sich an ihre ursprünglichen Plätze setzten.

Szymon rief dem Kellner zu, dass er zahlen wolle. Das Kind sagte: „Aber ich bin doch gar nicht fertig." Die Mutter nahm seine Hand und flüsterte ihm zu, es möge bitte nichts mehr sagen, und Szymon sang leise „Noch ist Polen nicht verloren, solange wir leben".

26. DIE HOCHZEIT

Das Hotel Kummer, das an der Ecke zwischen der Mariahilfer Straße und der Schadekgasse stand, war weit von seinem ursprünglichen mondänen Charme entfernt, der ihn zu Anfang und bis zum Beginn des Zweiten Weltkriegs und danach mit dem Eintreffen der französischen Soldaten, die dort ihr Hauptquartier einrichteten, charakterisiert hatte.

Jetzt wohnten dort meist Vertreter, wenn auch der meist gehobenen Industrie, und mittlere Angestellte, die es vom Westbahnhof nicht weit hatten, aber doch etwas näher zum Zentrum der Stadt sein wollten, um bei ihren Kunden nicht unter ihrem Wert geschlagen zu werden. Hier sollten Schoschana und Fred Getreuer jetzt heiraten.

Den Oberrabbiner konnten sich Getreuers nicht leisten, aber sie hatten einen Rabbiner in der Leopoldstadt gefunden, der ihnen sympathisch war und nicht viel verlangte, und gemeinsam mit ein paar Mitgliedern seiner Gemeinde die Chuppa mitgebracht hatte, die sie im Saal, wo das Essen für die Familie und die paar Freunde stattfinden sollte, aufstellten.

Da stand nun die Chuppa an der Stirnseite des Restaurants, darunter wartete der klein gewachsene Rabbiner mit dem gedrungenen, vor Aufregung schwitzenden Fred Getreuer, während Schoscha in ihrem hellblauen Kleid von ihrer Mutter Rosalia und Henry Getreuer in Vertretung des abwesenden und in Krakau festgehaltenen Zahnarzts quer durch das Restaurant und zwischen den Tischen mit den mit gelbem Samt bezogenen Sesseln, die zur Seite geschoben worden waren und eine Gasse bildeten, zur Chuppa geführt wurde.

Der Rabbiner sang und Henry und Fred sangen mit, Rosalia aber kannte die Texte nicht, doch tat sie so, als ob sie ebenso singen würde, denn was sollten die Leute denken, wenn sie die Lieder nicht kennen würde, wo es doch die Hochzeit ihrer Tochter war. Am Ende zertrat Fred das Glas, das vom Rabbiner auf den Boden gelegt worden war, und die wenigen Gäste, die einander nicht kannten, riefen „Masel tov!" und applaudierten.

Wacek und Fela hatten das Kind mitgenommen, denn sie hatten niemanden, mit dem sie es zu Hause hätten lassen können, und waren lange vor der Zeit von der Praterstraße losgegangen, denn die Straßenbahn für alle drei war zu teuer, auch wenn das Kind nur einen ermäßigten Preis hätte zahlen müssen.

Und so waren sie nach einem längeren Spaziergang rund um den Ring und vorbei an dem Gebäude, an dem die Köpfe von Soldaten mit verschiedenen Kopfbedeckungen der unterschiedlichen Armeegattungen aus der Fassade ragten, bis zu den Museen und dann die Mariahilfer Straße hinaufgegangen und das Kind sprang unterwegs auf jede Mauer, die sich anbot, und balancierte auf ihr, während es abwechselnd Vater oder Mutter an der Hand hielten, damit es nicht auf den manchmal nur schmalen Mauervorsprüngen das Gleichgewicht verliere.

Jetzt aber standen sie inmitten dieser fremden Leute und applaudierten, als das Glas am Boden zertreten worden war. Wacek rief „Masel tov!", und das Kind fragte, was das bedeuten würde, doch blieb für die Antwort keine Zeit, weil Schoscha – Rosalia an der Hand hinter sich herziehend – auf sie zukam, um sie einander vorzustellen.

Rosalias Ärmel rutschte etwas hoch und ganz kurz konnte man auf ihrem Unterarm die eintätowierte Nummer sehen, doch Rosalia zog den Ärmel rasch wieder hinunter und bald schon war sie mit Wacek und seiner Familie im Gespräch, in dem sie auf viele, sehr viele Gemeinsamkeiten kamen, die sie aus Krakau miteinander teilten.

Sie sprachen über das Theater und die Aufführungen und Wacek erzählte Rosalia, dass der berühmte und schöne Schauspieler Andrezj vor Jahren seine – Waceks – Schwester geheiratet hätte, auch wenn ihm die Erzählung letztlich unangenehm war, denn er hielt Andrzej für einen Schwachkopf. Rosalia bedeutete ihm, dass er leiser reden solle, denn sie wollte nicht, dass Schoschana am Tag ihrer Hochzeit an ihre unglückliche Liebe in Krakau dächte.

Um die Stimmung etwas aufzulockern, erzählte Wacek, dass er jenen schönen Andrzej einmal alkoholisiert auf einer Parkbank der Planty gesehen hätte und Andrzej die Krawatte an der Armlehne angebunden gehabt, und zu ihm, Wacek, gesagt hätte, dass er sich auf diese Art aufhängen wolle, weil die neue Schauspielerin, die jetzt am Theater engagiert war, nichts von ihm wissen wolle, und deshalb sein Leben keinen Sinn mehr hätte.

Rosalia lächelte, dachte, was ihr Mann, der Zahnarzt, wohl gerade jetzt machte, aber dass es wohl besser wäre, wenn sie ihm alles, was sie hier erlebte, nach ihrer Rückkehr erzählen würde.

Henry hatte einen Plattenspieler mitgebracht und legte eine Schallplatte nach der anderen aus der polnischen Heimat auf und bei den auf Polnisch gesungenen Tangos und den schmachtenden Liedern von Mieczyław Fogg und Hanka Ordonówna tanzten Schoscha und Fred, und Henry lud Rosalia zum Tanz ein.

Auch Wacek bat Fela um einen Tanz und das Kind sah von der Ferne zu, wie es den Eltern gut ging, denn es kannte solche Momente nicht. Wacek und Fela tanzten noch einen und dann noch einen Tanz und Fela sagte zu Wacek: „Nett ist es hier."

Die anderen Gäste sangen bei den Liedern, die aus dem Lautsprecher des Plattenspielers kamen, mit, auch wenn sie die Texte nur teilweise kannten, aßen den Barszcz mit den mit Champignons gefüllten Hörnchen und dann das Wiener Schnitzel und dachten, dass sie aus dieser ihrer alten Heimat, die ihnen derart fremd geworden war, vertrieben worden waren, ihnen aber die jetzige Heimat nach all den Jahren noch immer fremd wäre.

„Aber was ist schon Heimat und wo ist sie wirklich und was macht sie aus? Die alten Lieder, an die man sich wie jetzt erinnert oder eben zu erinnern glaubt? Oder sind es die Ecken, die man in den Städten kennt, an denen immer mehr verbleichende Erinnerungen hängen, oder sind es die Freunde, die man hat?", sagte Wacek zu Rosalia, als sie alle vom Tanz an den Tisch zurückgekehrt waren, „und wenn es die Freunde sind, dann sind sie jetzt alle woanders und über die halbe Welt verstreut."

Nach einer Pause, in der sie Schoschana und Fred beim Tanzen zusahen: „Dann wirft man uns vor, dass wir heimatlos wären, doch haben in Wirklichkeit sie alle uns heimatlos gemacht."

27. Beim Herzspezialisten

„Kommen Sie doch herein, liebe gnädige Frau", sagte der dicke, rotgesichtige Professor Stohler, nachdem er die Tür seiner Ordination in der Frankgasse aufgemacht hatte. „Die liebe Mara – Sie wissen, die Frau meines geschätzten Kollegen, der Sie zu mir geschickt hat – hat Sie ja bereits seit Langem angekündigt. Sie sollen einander ja vom Südbahnhotel kennen", und bat Ada mit einer kleinen Handbewegung, ihm zu folgen.

Sein weißer Mantel, der nicht zugeknöpft war, flatterte hinter ihm her und darunter hatte er eine Weste an, deren Stoff bei den Knöpfen spannte.

Im Untersuchungszimmer stand ein weiß lackierter Schreibtisch, daneben ein Sessel, auf den Professor Stohler Ada mit nunmehr großer Handbewegung einlud, sich zu setzen.

Auf dem Schreibtisch lag ein Stapel von Papieren und daneben ein Stethoskop mit einem langen roten Gummischlauch. In der Mitte des Zimmers stand eine Liege, daneben ein modernes EKG-Gerät der Firma Hellige, wie es Ada noch nie gesehen hatte.

„Sie kennen Mara und den Herrn Professor tatsächlich vom Südbahnhotel, nicht wahr?", fragte Professor Stohler, dehnte das Wort „Südbahnhotel" und modulierte dabei seine etwas nasale Stimme.

Als Ada bejahte, sagte er: „Ein ganz wunderbarer Ort, wenn auch die Luft dort schon ziemlich alpin ist. Ich fahre gern hin, aber meinen Patienten empfehle ich eher Montecatini, besonders im Frühjahr – das ist ein zu dieser Zeit besonders bezaubernder Ort und dann ist es dort nicht zu warm und nicht zu kalt, und das Sehnsuchtsland Italien hat schon viel zu bieten. Kennen Sie, gnädige Frau, Montecatini?"

Als Ada verneinte, fuhr Professor Stohler fort: „An der Ostfront waren mit der Einheit, in der ich diente,

Bersaglieri stationiert. Sie wissen natürlich: Teile des ‚Corpo di spedizione italiano'. Das waren ganz andere Menschen als die uns eigentlich fremden Deutschen, eher uns Österreichern ähnlich – so wie wir gemütlich und sympathisch und ungezwungen. Bitte: Außer die Schwarzhemden – die waren ernsthaft. Aber die Bersaglieri mit ihren malerisch mit Federbüschen verzierten Kappen und auf ihren Motorrädern – nein, die waren lustig und abends brachten sie immer von irgendeinem Bauernhof Schnaps oder Wodka mit, den sie den Bauern in der Gegend weggenommen hatten, und dann sangen wir viele Lieder, denn der Feind war ja weit weg, und mit den paar Banditen in der Nähe machten die Bersaglieri genauso wie wir kurzen Prozess. Schön war das", sagte Professor Stohler und summte die Melodie von „Torna a Surriento".

„Herr Professor Stohler, ich komme wegen meines Herzrhythmus", unterbrach Ada das Summen, „denn manchmal rast mein Herz und dann sehe ich die Ader an der Innenseite meines Handgelenks – hier", und sie zeigte drauf, „unruhig zucken."

„Das werden wir gleich haben, liebe gnädige Frau", sagte Professor Stohler, „bitte machen Sie den Oberkörper frei und ziehen Sie Ihre Strümpfe aus, dann werde ich das Herz abhören und danach werden wir ein EKG schreiben und alles wissen."

Ada ging hinter den Paravent, der in einer Ecke des Zimmers stand, zog ihre Bluse und die Unterwäsche aus, die Strümpfe, verschränkte verschämt die Hände vor ihren Brüsten und ging zur Liege, wo sie sich hinlegte.

„Gnädige Frau werden die Arme bitte neben sich legen müssen", sagte Professor Stohler, nahm das Stethoskop vom Schreibtisch, legte es an verschiedenen Stellen an Adas Brustkorb an, bat sie, die Luft anzuhalten, dann weiterzuatmen und dann wieder die Luft anzuhalten, kehrte an die eine oder andere Stelle mit dem Stethoskop zurück und legte es am Schluss zufrieden wieder auf den Schreibtisch zurück.

„Man hört nichts, gnädige Frau, die Herzklappen sind prächtig intakt, aber ein EKG werden wir trotzdem schreiben müssen."

Dann benetzte der Professor die Elektroden des EKGs mit Wasser, das dann ins Waschbecken rann, legte sie an und Ada spürte ihre Nässe und die Kälte. Die Elektrode, die neben der linken Brustwarze war, sprang weg, Professor Stohler versuchte, sie mit mehr Druck zu befestigen, verstärkte den Sog des darauf angebrachten Saugnapfs, doch die Elektrode sprang wieder weg, und Professor Stohler sagte irritiert: „Das ist eine ganz Störrische – aber dieser Platz an der Brustwand ist immer schwierig: bei Männern wegen der Behaarung und bei Frauen, wenn sie große Brüste haben."

Ada wollte etwas sagen, aber Professor Stohler legte den Zeigefinger auf den geschlossenen Mund, denn das EKG hatte zu schreiben begonnen, und er erklärte ihr: „Wir wollen keine Störquellen haben ..., aber Sie können gleich wieder sprechen."

Dann sah der Professor auf das Papier, das aus dem EKG herauskam, blickte auf Ada und sagte: „Jaja, am Anfang war es nett mit den Bersaglieri an der Ostfront, aber dann kamen die Befehle, weiter und weiter zu marschieren, dann die Exekutionen und dann der Winter. Da waren wir ziemlich schlecht dran und die Italiener überhaupt, weil sie ja keinen wirklichen Winter kannten. Da waren wir Österreicher abgehärteter."

Und nach einer Pause und nach nochmaliger Inspektion des Papierstreifens: „So, wir sind fertig, Sie können sich wieder anziehen, das EKG zeigt keine Veränderungen, es ist alles in Ordnung."

Ada verschränkte – obwohl sie sich dabei eigentümlich vorkam, denn es gab seit dem Moment, als sie die Arme neben sich auf die Liege hatte legen müssen, kein Geheimnis mehr – wieder die Hände vor der Brust, verschwand hinter dem Paravent, trocknete mit dem Taschentuch, das sie in der Handtasche mit sich hatte, die feuchten Stellen, die die Elektroden auf der Haut zurückgelassen hatten, ab, zog sich an und kehrte zum Sessel neben dem Schreibtisch zurück.

Professor Stohler sagte: „Vielleicht wollen auch Sie einmal nach Montecatini fahren, das würde Ihnen sicher guttun. Das macht 200 Schilling."

Ada gab ihm zwei Geldscheine, die der Professor in die Lade des Schreibtischs legte, wobei er mit dem Sessel etwas zurückrutschen musste, weil ihm beim Öffnen der Lade sein großer Bauch im Weg war.

Der Professor dankte, versicherte sie nochmals ihrer guten Gesundheit, wünschte alles Gute und brachte sie zur Tür. Dort küsste er Adas Hand.

Zu Hause sagte Ada: „Diese Leute sind alle komisch, auch wenn wir ihnen kaum begegnen – ob sie heute ebenso handeln würden wie vor immerhin schon mehr als 25 Jahren?"

Szymon sah sie an und sang: „Wien, Wien, nur du allein, du sollst die Stadt meiner Träume sein."

Dann rief er Julyi, die in der Küche war, mit lauter Stimme zu: „Julyi, bringen Sie uns bitte zwei Kaffee mit Schlagobersgupf. Unbedingt in großen Tassen. Das wird der gnädigen Frau helfen. Und vergessen Sie den Zucker nicht."

28. Nach dem Krieg

Jetzt, im Juli des Jahres 1967, feierten Wacek und Fela ihren 16. Hochzeitstag und Ada und Szymon luden sie mit dem Kind über das dem Jubiläumstag folgende Wochenende zur Feier ins Südbahnhotel ein.

Der Chauffeur Günther brachte sie alle in dem neuen dunkelblauen Cadillac DeVille dorthin, auch wenn das Kind in der vorderen Reihe und auf der Bank zwischen Günther und Ada sitzen musste, aber das Auto war groß und geräumig und einen Cadillac würde kein Polizist aufhalten.

„Günther ist ein guter Chauffeur, aber sein Fußschweiß riecht bestialisch", hatte Szymon am vorhergehenden Sonntag beim Mittagessen gesagt und gelacht, und tatsächlich war es während der Fahrt genau so, sodass die Gesellschaft miteinander auf Polnisch ihre Witze machte, die Günther nicht verstand, doch froh war, dass Ada und Szymon guter Laune waren, denn sonst passte es einem von den beiden nie, wie er fuhr – einmal war es zu langsam, dann wieder zu schnell.

Sie fuhren in der Früh weg, die Menschen, die in der Praterstraße vorbeigingen, schauten, wer es denn wäre, der ein derart beeindruckendes Auto fahren, und erst recht, wer davon abgeholt werden würde, denn Autos solcher Art verirrten sich selten in diese Gegend und wenn es einmal etwas zu sehen gab, so waren es die Fiaker, die einmal im Jahr mit rosa und violetten und weißen Federn zu einer Kuppel geschmückt die Firmlinge und ihre Familien über die Praterstraße in den Prater brachten, wo es Ehrensache war, dass die Firmpaten den Kindern einen schönen Nachmittag spendieren würden.

Zu Mittag kamen sie im Südbahnhotel an, und da war es bereits Zeit für das Mittagessen und sie gingen in das Restaurant und nahmen an ihrem Tisch Platz. Der Kellner kam, sie bestellten und das Bier mit Bierwärmern wurde gebracht.

Sie sahen um sich, nickten Bekannten zu, bemerkten, dass ein ihnen unbekanntes Paar an dem Tisch saß, wo sonst Rega und Bronek gesessen waren, und sahen von Ferne den Professor, der mit Mara, Professor Stohler und einer jungen Frau an einem Tisch saß.

Ada versuchte, sie zu grüßen, indem sie die Hand hob und winkte, die zwei Professoren verneigten sich, sprachen dann eine Weile miteinander, erhoben sich und kamen zum Tisch, an dem Ada, Szymon, Wacek, Fela und das Kind saßen.

„Wir wollten Ihnen gratulieren", sagte der Professor, „wie fantastisch die israelische Armee gerade gekämpft hat. Ja, wir wollten Ihnen zum Sieg gratulieren."

„Eine unglaubliche Leistung", sagte Professor Stohler, „und in nur sechs Tagen ... das hätten nicht einmal wir zusammengebracht", schlug dem neben ihm stehenden Professor, der verschämt lächelte, auf den Rücken und lachte laut.

Szymon und Ada wussten nicht, wie sie reagieren sollten, denn es war schließlich nicht ihr Sieg, auch wenn sie zu Anfang des Kriegs Geld für die Bedürfnisse Israels gespendet hatten.

Die zwei Professoren nickten, Professor Stohler sagte, dass es ihnen ein Bedürfnis gewesen wäre, ihre Hochachtung zu dem kolossalen Sieg auszusprechen, denn so etwas, was da gelungen wäre, wäre ja doch einmalig in der Geschichte. „Ein ganz besonderer Erfolg, wenn man an die Übermacht denkt", sagte Professor Stohler.

Sie kehrten zu ihrem Tisch zurück und der Professor sagte zu Mara: „Tatsächlich bemerkenswert. Wenn man bedenkt, wie sich diese Juden verändert haben: Was wir an der Ostfront gesehen haben, und jetzt das ... Wer hätte das gedacht ..."

29. Rosalia fährt nach Krakau zurück

Drei Tage nach der Hochzeit kam Henry Getreuer am Nachmittag ins Hotel Wandl, um zur verabredeten Zeit Rosalia zu treffen. Rosalia stieg aus dem Lift und da saß Henry schon in einem Fauteuil in der Eingangshalle und schien noch dunklere Ringe um seine Augen als sonst zu haben.

Rosalia nahm ihm gegenüber Platz und fragte, was sie für ihn tun könne, denn bei der Verabredung nach der Hochzeit hatte Henry geheimnisvoll getan und darum gebeten, dass Rosalia niemandem etwas über ihr Treffen erzählte.

Nun gab er ihr ein kleines Paket, sagte, dass darin Unterlagen und Papiere zur Identität eines Freunds, der in Krakau lebte, wären, sagte, dass er, Henry, die Papiere über Umwege, über die er nicht sprechen wolle – und deshalb seine Geheimnistuerei – vom Roten Kreuz bekommen hätte und der Freund sie zur Ausreise aus Polen bräuchte, um nach Amerika, wohin er emigrieren wollte, zu kommen.

„Diese Amerikaner haben seit kurzer Zeit ganz eigenartige Vorschriften", sagte Henry, und dass sie alles Mögliche über die Menschen, die die Absicht hatten, dorthin zu emigrieren, wissen wollten und müssten, und dazu gehörten eben auch Dinge aus der Vergangenheit und ob man jemals Mitglied der Kommunistischen Partei gewesen wäre, bevor sie ein Einwanderungsvisum ausstellten. Und die Papiere, die er, Henry, ihr jetzt geben würde, würden beweisen, dass der Freund niemals bei der Kommunistischen Partei gewesen wäre.

Auf jeden Fall würde sich der Freund bei ihr melden, denn er, Henry, hätte sich erlaubt, ihm ihre Adresse in Krakau zu verraten, und dann solle sie so gut sein, ihm das kleine Paket zu übergeben. Jedenfalls wäre an der ganzen Angelegenheit, obwohl sie wegen der Art der Dokumente etwas delikat war, nichts dabei.

Rosalia nahm das verschnürte Paket, verabschiedete sich von Henry, der ihr die Hand küsste, ging auf ihr Zimmer, in dem bis vor wenigen Tagen Schoscha gewohnt hatte, öffnete den schon fertig gepackten Koffer, legte das kleine Paket zu den Kleidern, verschloss den Koffer, ging zum Fenster und sah seitlich auf den Petersplatz hinaus, wo sich der abendliche Verkehr staute.

Schoscha klopfte an die Zimmertür, umarmte Rosalia, hielt sie umfangen, hob dann den Koffer vom Bett, um die Mutter zum Ostbahnhof zu bringen.

Sie und die Mutter gingen – wie bei der Ankunft – Hand in Hand zur Straßenbahn, hielten in der Straßenbahn einander an den Händen, dann den Bahnsteig entlang, umarmten einander, bevor Rosalia in einen Waggon stieg, das Fenster des Abteils, in dem sie sitzen sollte, öffnete, um mit Schoscha belanglose Worte zu wechseln, denn was sollte man schon vor all den Leuten, die den Bahnsteig entlanggingen, sprechen.

Am Ende des Bahnsteigs leuchteten neben der Lokomotive drei Lichter und dann leuchtete das vierte auf: Der Zug fuhr los, Schoscha lief neben dem Waggon her, hielt die Hand der Mutter, beide weinten, denn sie wussten nicht, wann sie einander wiedersehen würden, und als der Zug schneller wurde und der Bahnsteig endete, ließ Schoschana Rosalias Hand los und winkte und winkte, sah noch die Hand der Mutter und winkte, bis der Zug das Gleis wechselte und hinter einer Biegung verschwand.

Rosalia war allein im Abteil, legte sich quer über die Sitze und konnte etwas schlafen, bis der Zug quietschend an der Grenze zwischen der Tschechoslowakei und Polen in Zebrzydowice hielt. Wieder kamen – es war am frühen Morgen knapp nach fünf Uhr – die Soldaten, durchsuchten die Koffer, während draußen die Hunde bellten.

Rosalia wurde von zwei Soldaten gebeten, ihren Koffer zu öffnen, die Soldaten durchsuchten ihn, stießen auf das Paket von Henry Getreuer, das sie aufrissen, und es fielen daraus lauter Scheine amerikanischer Dollars auf den Sitz und auf den Boden.

Rosalia erschrak, sagte: „Sie gehören nicht mir, sie gehören nicht mir", und wiederholte den Satz wieder und wieder.

Einer der Soldaten blieb bei ihr, während der zweite ging, um einen Offizier zu holen. Der Offizier kam, sprach von Devisenschmuggel, nahm Rosalia am Oberarm, während die Soldaten den inzwischen wieder verschlossenen Koffer hinter ihnen hertrugen. Der Offizier brachte Rosalia aus dem Zug und in die grell beleuchtete Grenzstation, wo sie in ein Zimmer geführt und die Tür hinter ihr versperrt wurde, während sie noch hören konnte, wie draußen der Zug anfuhr.

30. Die Reisenden

„Das, was mich am meisten amüsiert, ist, dass in Israel alle Juden sein werden: die Beamten, die Polizisten, die Feuerwehrleute, ja selbst die Prostituierten und

Klofrauen werden Jüdinnen sein. Man wird sich eben an das alles in der neuen Heimat, die wir noch gar nicht kennen, gewöhnen müssen", sagte Genia, als sie gemeinsam mit ihrem Mann Leon und ihrem Sohn Filip bei ihren Freunden Wacek und Fela in ihrer neuen Wohnung saß.

Fela war wegen der Ankunft der Freunde beim Friseur gewesen und saß jetzt mit den frisch frisierten brünetten Haaren, die ihr hübsches Gesicht mit den blaugrauen Augen umrahmten, in ihrem Lieblingsfauteuil der neuen Sitzgarnitur, die sie vor Kurzem im Einrichtungshaus, das nur moderne Möbel führte, in der Kärntner Straße gekauft hatten.

Wacek war Direktor der Finanzabteilung in der Firma von Szymon und seinem Partner geworden und durfte zwei Buchhalterinnen bei den monatlichen Auszahlungen und bei der Erstellung der Bilanzen überwachen.

Immerhin hatte er einen Kredit aufnehmen können, um sich die im Erdgeschoß gelegene Wohnung im vornehmen 19. Bezirk zu kaufen, doch war dort, wo die Wohnung lag, der Bezirk nicht so vornehm wie in der Himmelstraße oder der Grinzinger Straße oder dem Schreiberweg, wo die Häuser der Reichen standen, die oft nach der Mode der Zeit ein tief nach unten gezogenes, abfallendes Dach hatten, das der eine oder andere Architekt, der der Moderne verpflichtet war, „Wiener Kolonialstil" nannte.

Gegenüber dem Haus befand sich eine große Siedlung der Stadt Wien, in der verdiente Schauspieler und Künstler wohnten, und man sah beim Spaziergang durch das weitläufige Gelände viele Berühmtheiten, was Waceks Frau gefiel, die ein Naheverhältnis zum Theater hatte, während am Ende der Straße der erblindete und von einer Folge von Schlaganfällen behinderte, jedoch weithin geachtete Politiker wohnte, der jeden Tag von einem schwarzen Mercedes abgeholt wurde, um in ein Büro am Ring zu fahren, in dem der Mann aufgrund seiner Behinderung nicht viel bewirken konnte.

Da saßen sie also im Wohnzimmer der Wohnung im 19. Bezirk, und Genia und ihr Mann Leon erzählten und erzählten den Freunden, die jetzt schon lange in Wien lebten, auch wenn der Nachmittag lang und es Abend wurde, und Wacek zum nahe gelegenen Heurigen fuhr, um Essen zu holen, und noch immer konnten sie nicht genug erzählen, wie die Kommunisten den Direktor des Warschauer Nationaltheaters abgesetzt hätten.

Die etwas untersetzte, laut sprechende Genia, deren Gesicht durch große Poren und Narben verunstaltet war, sagte: „Angeblich soll es in Israel im Sommer sehr heiß sein. Selbst das ist ein Unterschied zu den meist verregneten Sommern in Krakau."

Wacek und Fela fragten nach Polen und wie die Lage dort jetzt wäre und Genia erzählte: „Es war genauso wie damals bei Rosenberg und ist auch wegen eines Stücks von Mickiewicz, aber nicht dem ‚Pan Tadeusz' wie bei Rosenberg, sondern wegen der ‚Dziady' passiert; dabei hätten wir gedacht, dass so etwas nach dem Tod Stalins nicht mehr passieren könnte, doch gab es jetzt und nach der Absetzung des Direktors des Theaters Demonstrationen, die gegen die Regierung und die Kommunisten gerichtet waren und die Wiedereinsetzung des Direktors forderten. Ganze Städte waren auf den Beinen, was sich damals bei der Verhaftung Rosenbergs keiner traute", und dann erzählte Genia und mit ihrem stillen Mann Leon abwechselnd, wie die Kommunisten lange vor den Demonstrationen von den Juden im Land als der „fünften Kolonne" und als „wurzellose Kosmopoliten" gesprochen hätten, wie die Katholiken in ihrem Antisemitismus gespalten gewesen wären und wie dann alles im März und während der Demonstrationen eskaliert wäre; wie auf Befehl dieses russischen Agenten, des Innenministers Moczar, „dieses antisemitische Schweins", die Bürgermiliz dazu übergegangen war, „unendlich viele jüdische Menschen, eben Menschen wie uns", völlig grundlos aus dem Land zu werfen, und dass es letztlich ein Pogrom wäre. Und das alles im Jahr 1968 – wer hätte gedacht, dass das möglich wäre, und als ob das Pogrom in Kielce nach dem Krieg nicht schon genug katastrophal gewesen wäre und dann noch der antisemitische Terror der Behörden nach Stalins Tod.

„Dabei habe ich bis dahin nicht gewusst, dass ich ein Jude bin", sagte Filip, Genias und Leons 16-jähriger Sohn, der bisher geschwiegen hatte, „bis ich es beim Fußballspielen von den Kindern der Nachbarn gehört habe."

„Was hätten wir denn nach all dem, was deine Mutter und ich im Krieg erlebt haben, sagen sollen?", sagte Leon,

„wir haben eben gedacht, dass es viel besser wäre, wenn man sein Judentum nicht vor sich herträgt, sondern als einfacher Pole aufwächst. Wie eben einer, der nicht in die Kirche geht, aber auch nicht in die Synagoge."

„Zu spät", sagte Genia und wurde wieder lauter, „denn dann war schon bald die Polizei da, die entweder die Nachbarn gerufen hatten, oder umgekehrt die Polizei die Nachbarn informiert hatte, dass es jetzt gegen die Juden ging und dass alle dabei ihren Teil leisten müssten. Aber letztlich war es gleichgültig, wer was wem gesagt hat", sagte sie, denn jetzt wäre es sehr entschlossen gegen sie gegangen, auch wenn sie gehofft hatten, dass sich ihr Judentum über die vielen Jahre, die vergangen waren, verwischen würde.

Dann schwiegen sie, nach einer Weile sagte Wacek: „Ihr werdet es nicht glauben, wir sind mit Rosenberg in Kontakt."

Und Fela: „Er heißt jetzt Michal Rose und ist zuerst von hier nach New York gereist, hat dort bei einer jiddischen Zeitung gearbeitet, ist dann nach Israel emigriert, weil er während eines Urlaubs in Tel Aviv eine Frau am Strand kennengelernt hat, in die er sich verliebt hat. Jetzt sitzt er in einem Café, das angeblich im Zentrum von Tel Aviv liegt und seinem Schwiegervater gehört, an der Kasse. Er ist bis heute genauso verrückt wie er immer war."

„Das hätte er einfacher haben können", sagte Genia, „das wäre auch ohne die fünf Jahre, die er damals im Gefängnis für seine Inszenierung absitzen musste, gegangen", sie lachte laut und dann: „Aber in Polen ist er deswegen immer noch ein Held. Wer hätte gedacht, dass sich die Geschichte wiederholen würde? Das Vorgehen ist immer gleich und wenn man denkt, dass irgendetwas nicht mehr möglich wäre, passiert es ja doch bei nächster Gelegenheit. Komisch nur, dass das alles so nah von hier geschieht. Bekommt man das alles hier mit?"

„Nein", sagte Wacek, „kaum jemand interessiert sich dafür oder weiß etwas, ebensowenig wie für Mickiewicz, den auch keiner kennt. Die Zeitungen schreiben wenig über die Revolte und das nachfolgende Pogrom in Polen, denn für sie sind die Geschehnisse und Demonstrationen in Deutschland, Frankreich und Italien viel aufregender und – obwohl geografisch viel weiter entfernt – so doch politisch viel näher. Aber natürlich auch attraktiver, denn wo gibt es schon einen Mendès France, der mit den Demonstranten in Paris mitmarschiert?"

„Nicht auszudenken – wir in Tel Aviv", sagte Genia, „was soll eine Journalistin wie ich ohne Sprache beginnen?"

„Du könntest Michal Rosenberg, jetzt Rose, aufsuchen, du kennst ihn ja. Vielleicht kann er helfen", sagte Wacek.

„Ich kann immer noch in einen Kibbuz gehen und nehme Mutter und Vater mit", sagte Filip, „denn im Kibbuz brauchen sie sicher Hände, ich bin jung und kann in der Landwirtschaft arbeiten. Und die Eltern können dann bei leichteren Arbeiten helfen. Es wird schon gehen."

„Wisst ihr, was aus eurer Wohnung in Warszawa geworden ist?", fragte Fela.

„Sie wurde hinter uns von einem Bürgermilizionär abgesperrt, dem wir die Schlüssel haben geben müssen. Dann haben sie uns mit ein paar anderen Familien zum Bahnhof gebracht und jetzt sind wir hier bei euch und morgen schon in Tel Aviv und müssen zum dritten Mal in unserem Leben neu anfangen", sagte Genia, „wenn das alles nur nicht zum Verrücktwerden ist."

Filip war mit Waceks und Felas Sohn Richard, der ein paar wenige Monate jünger war, durch die gegenüberliegende Wohnhaussiedlung spaziert, weil Richard ihm gesagt hatte, dass dort ein paar hübsche Frauen wohnen würden und wenn sie Glück hätten, dann wären vielleicht jetzt und am Abend die Vorhänge nicht zugezogen, und man könnte sie vielleicht in ihren Wohnungen sehen.

Vielleicht sogar – soweit man eben von unten und vom Weg aus, der zwischen den Häusern hindurchführte – unbekleidet, denn das wäre ihm, Richard, schon mehrmals passiert, vor allem bei einer, der Frau eines bekannten Schauspielers des Burgtheaters, die nie die Vorhänge zuzog.

Und so gingen sie zu dem Haus, wo sie wohnte, blieben davor stehen, aber es gab nichts zu sehen, und so gingen sie zurück, wo Filips Eltern, Leon und Genia, Wacek baten, ob er sie zurück ins Schloss Schönau bringen würde, denn morgen würden sie in der Früh abgeholt, um nach Tel Aviv zu fliegen, und es wäre ohnehin schon spät und sie wollten schauen, bald ins Bett zu kommen, denn niemand wüsste, was sie in Tel Aviv erwarten würde.

Alle – auch Filip und Richard – versprachen einander, Briefe auszutauschen. Richard sagte zu Filip, dass er damit beginnen solle, denn seine, Richards, Adresse wäre ja bekannt, während man nicht wisse, was mit Filip und seiner Familie geschehen würde.

Verabschiedungen, Küsse und Umarmungen gab es in der Wohnung, denn auf der Straße sollten die Fremden nicht sehen, was geschah. Dann gingen Fela und Richard mit den Abreisenden vors Haus und winkten ihnen, bis Waceks Auto in eine Seitengasse abbog und dort verschwand.

31. Der Akzent des Kindes und die Ankunft Titos

Waceks und Felas Sohn Richard, den sie liebevoll beim Kosenamen Rysio nannten und der als kleines Kind mit ihnen von Krakau nach Wien gekommen war und dann in der kleinen Wohnung bei der Praterstraße im armen 2. Bezirk gewohnt hatte, in deren Nähe er in die Volksschule gegangen war, befand sich nun in der deutlich vornehmeren Umgebung des 19. Bezirks und in einem der dortigen Gymnasien.

In seiner Klasse und in den Parallelklassen waren die präsumptiven Erben großer traditionsreicher Wiener Unternehmen oder Kinder, deren Eltern nur so taten, als ob die Kinder einmal viel erben würden.

Auch waren da die Nachkommen aus einer zwar nicht begüterten, aber selbstbewussten und durch feste und unverrückbare Einstellungen ausgestatteten

Mittelschicht, die in Stockwerken von meist alten Villen oder in Wohnungen von alten Häusern aus der Gründerzeit in der näheren oder weiteren Umgebung der Schule wohnten.

Nur die Kinder aus zwei Familien wohnten in moderneren Bungalows, von denen einer hellblau gestrichen war und sich an einer steilen Straße befand, die zum Krapfenwaldbad führte, während der andere Bungalow aus einer Glaskonstruktion zwischen dunkelbraunen Säulen bestand und an einer steilen Straße des 18. Bezirks lag, die bei Schnee nicht befahrbar war, und das Kind dann zu Hause bleiben musste.

Wenn die Schule morgens anfing und am frühen Nachmittag zu Ende war, standen vor der Schule viele schicke Autos – es waren meist Coupés deutscher Marken – mit denen die mitunter sehr hübschen Mütter ihre Kinder abholten.

Eine von ihnen, die ganz ohne Zweifel die hübscheste war, war im Krieg bei der kroatischen Ustascha gewesen und hatte damals einen jungen österreichischen Angehörigen der SS kennengelernt, der mit seinem Vorgesetzten nach Kroatien entsendet worden war, wo die Ustascha bei der Gründung der SS-Division „Handschar" beraten werden sollte.

Noch während des Kriegs hatten die Frau und der Soldat – beide in ihren Uniformen – geheiratet. Nach der Rückkehr nach Wien hatten sie das durch den dann schon kranken Vater arisierte Geschäft, das vornehm im Zentrum der Stadt lag, übernommen. Das Geschäft florierte und sie konnten sich bald ein Haus an der

Grinzinger Allee kaufen, in dem die Kinder in eleganten, verwöhnten Verhältnissen aufwuchsen.

Rysio hatte im 2. Bezirk eine Sprache erlernt, die im 19. Bezirk fremd klang, denn hier sprach man eine vornehme, gewählte Sprache, die selbst dann gewählt war, wenn die Kinder miteinander spielten oder sich über belanglos Kindliches unterhielten, wenn sie Spielzeugautos tauschten oder über die Ergebnisse der Skirennen im Winter oder der Fußballspiele im Sommer sprachen, während im 2. Bezirk die Sprache ein einfacher und manchmal derber Dialekt war.

So musste Rysio nach dem ersten Mal, als er nach der Ankunft in Wien das, was er für die deutsche Sprache gehalten hatte, aber bloß ihr Wiener Dialekt war, erlernt hatte, nun zum zweiten Mal dieselbe Sprache, doch in einer anderen Form des Ausdrucks und der Aussprache und vor allem in einer anderen Wortwahl lernen. Am Anfang machten sich die Kinder über ihn und seine einfache Sprache und seinen Dialekt lustig, dann aber merkten sie nichts mehr, denn Rysio lernte schnell und die Kinder vergaßen schnell.

Einer der Lehrer, der Deutsch und Turnen unterrichtete und den die Klasse in Deutsch hatte, sagte zwar beim Sprechtag zur Mutter Rysios, dass er leider und sehr wohl einen Akzent bei Rysio merken würde, und zwar besonders dann, wenn er Wörter aussprach, die ein „n" mit einem „g" verbanden, denn Richard würde die zwei Buchstaben separat aussprechen, während es üblich wäre, die Laute miteinander nasal zu verbinden.

Der Lehrer riet, diese Aussprache zu Hause zu üben, indem Rysio laut lesen und darauf achten sollte, Wörter mit „n" und „g" mehrmals hintereinander und nasal auszusprechen.

Manchmal ließ der Lehrer Richard in der Deutschstunde aufstehen und Wörter wie „Junge" oder „Angestellter" oder „Vergangenheit" mehrmals hintereinander aussprechen, was der Lehrer bei anderen Schülern nie tat.

Manche Lehrer erzählten in den Unterrichtsstunden, wenn sie mit dem Lehrstoff – wie vor den Ferien oder vor Feiertagen oder vor dem Sommer – fertig waren, von ihren Kriegserlebnissen in Russland und einer erzählte von seinen zwei Kameraden, die er als „drei waren wir, der Weber und ich" bezeichnete, und schilderte, wie und mit welchen Methoden sie russische Soldaten an der Ostfront bekämpft und getötet hätten, und immer, immer siegreich gewesen wären, während die Russen tot umfielen.

Die Hände eines anderen Lehrers zitterten, besonders, wenn er sich über sein Gesicht strich. Hinter seinem Rücken sagte man, dass das Zittern vom Schock komme, den er erlitten hätte, als er im Krieg unter die Trümmer eines Hauses gekommen und dort lang begraben gelegen und erst nach langer Zeit gefunden worden wäre.

Der Klassenvorstand unterrichtete Latein und wippte bei der Übersetzung der lateinischen Texte immer auf den Füßen nach vorne und hinten, während er die rechte Hand auf und zu klappte.

Eines Tages, als der jugoslawische Präsident Tito Österreich einen Staatsbesuch abstatten sollte, erzählte er, dass Tito und er „alte Freunde" wären, und auf die aufgeregten Fragen der Schüler nach dem Grund der Freundschaft erzählte er, dass sie einander indirekt oder vielleicht auch direkt gegenübergestanden wären, denn Tito wäre ein Partisan im Karst gewesen, er selbst hingegen hätte als Mitglied der SS den Auftrag gehabt, eben dort und im Karst gegen jugoslawische Partisanen zu kämpfen: „Da sind schon immer wieder Schüsse gefallen und es ist heftig zugegangen. Erst recht in den Ortschaften nach Überfällen auf uns. Das ließen wir nicht auf uns sitzen, auch wenn das Ganze nichts für schwache Nerven war", sagte er und wippte hin und zurück, dann aber: „Alles nebensächlich, zurück zu Ovid und den Metamorphosen", las die Hexameter laut vor und klappte dabei seine Hand auf und zu.

Als Rysio von der Schule nach Hause kam, saß Fela am Esstisch, hatte viele Papiere darauf ausgebreitet und arbeitete an ihrer Doktorarbeit über den Einfluss des österreichischen Theaters auf die intellektuelle Welt Galiziens.
Auf Polnisch berichtete Rysio, was er in der Schule erlebt hatte, während Fela ein Mittagessen kochte und als Antwort auf die Erzählungen Rysios immer wieder sagte: „Was das für ein Land ist …", und dann nochmals: „Was das für ein Land ist …"

32. Die Verehrer

„Wie ein Gymnasiast ist er vor unserem Haus gestanden und hat den ganzen Nachmittag zu den Fenstern hinaufgeschaut, ob er mich sehen würde", sagte Ada, als ebendieser berühmte Internist unten vorbeiging und sie ihn aus dem ersten Stock des Café Gerstner in der Kärntner Straße sehen konnte, wo Ada mit Mia und Szymon beim Kaffee saß.

„Damals haben wir noch in der Ungargasse gewohnt", sagte Szymon, „und die Fenster der Wohnung gingen auf die Straße hinaus. Jeden Nachmittag ist er vor dem Haus gestanden – wie Ada sagt: ‚wie ein verliebter Gymnasiast'", und lachte.

„Dann muss er aber offenbar die Tochter des reichen Besitzers dieses großen Teppichgeschäfts kennengelernt haben", gab Szymon seinen Ideen nach, „weil er dann seltener vor dem Haus gestanden ist und zu unseren Fenstern heraufgeschaut hat, und dann ist er gar nicht mehr gekommen. Dann haben wir in der Zeitung gelesen, dass er diese Frau vom Teppichgeschäft geheiratet hätte."

„Tut auf weiß Gott wie vornehm, und dann heiratet er ein Teppichgeschäft", sagte Ada, „bitte, immerhin ein Geschäft mit Perserteppichen, aber Teppichgeschäft bleibt eben Teppichgeschäft und ist nicht so fein wie ein Juwelierladen oder zum Beispiel der Adlmüller von da oben", und Ada zeigte in Richtung der Oper. Da sagten alle drei auf einmal: „Wien–Bad Gastein–Paris–New York" und lachten.

Nach einer Pause, in der das Lachen verebbte, erzählte Ada: „Bei den Professoren habe ich immer Glück gehabt, wobei bitte: Mein erster Mann Henryk war auch ganz verrückt nach mir, er war zwar nur ein einfacher Gynäkologe, hat aber eine großartige Ordination im berühmten Kurort Krynica gehabt. Ich habe ihm geholfen, die Patientinnen registriert, Karteien angelegt, die Geräte gesäubert und sterilisiert ..."

Nach einer Pause: „Wir hatten eine sehr elegante Klientel. Manche Patientinnen haben förmlich auf den Sommer gewartet, bis sie kommen konnten ..." Und: „Krynica war schon etwas Besonderes und wahrscheinlich vornehmer als Truskawiec, von wo ich Rosenberg kenne, der vor gar nicht langer Zeit über Wien nach Amerika gefahren ist. Er soll jetzt in Tel Aviv leben."

Dann schwieg Ada, sah auf die Straße und sagte: „Sogar Jan Kiepura war ein Patient von uns."

Mia fragte: „Der ging zum Gynäkologen?" und lachte, worauf Ada etwas verschämt lächelte.

Szymon sang leise zwischen halb geöffneten Lippen: „Ob blond, ob braun, ich liebe alle Frau'n, mein Herz ist groß ..." und lachte danach mit.

„Siehst du", sagte Ada zu ihrer Freundin Mia, „Szymon ist immer ein Gentleman, wenn es um solche Dinge geht. Nicht einmal solche Erzählungen bringen ihn aus der Fassung."

„Also ich", erzählte Mia, „gehe zu den Professoren nur, wenn ich etwas brauche, aber mir sind nie irgendwelche Dinge passiert. Bitte: Beim Herrn Professor ist immer seine Frau Mara da und da kann er wohl nicht viel unternehmen und deswegen wird sie wohl da sein."

„Es gibt Leute, die sagen, dass der Professor in seinem Mantel ein knallrotes Futter aus Seide hätte", sagte Ada, und dann: „Ob das nicht etwas bedeutet? Vielleicht sogar ein Zeichen ist ...?"

„Seine Frau ist jedenfalls immer sehr elegant", meinte Mia, „auch wenn sie immer die gleiche Brosche mit den Halbedelsteinen trägt."

Darauf erzählte Ada: „Wenn wir also über solche Sachen sprechen, dann muss ich dir erzählen, dass ich in Wien einmal bei diesem berühmten Gynäkologen war, du weißt schon: bei dem ganz, ganz berühmten im 3. Bezirk. Jedenfalls hat er mich untersucht und dann – als ich schon bei ihm beim Schreibtisch saß – hat er mir gestanden, dass er noch nie eine derart schöne Frau wie mich gesehen hätte und ob er mich küssen dürfte, denn ich würde ihn ganz verrückt machen. Was soll ich dir sagen? Dann ging er um den Schreibtisch herum, ich sprang auf, weil ich schon wusste, was passieren würde, lief weg, er mir nach und so sind wir durch die ganze Ordination gelaufen, er mir nach, ich bei der Tür hinaus, habe ‚Auf Wiedersehen' gerufen, und aus dem Stiegenhaus: ‚Nein, nicht auf Wiedersehen, sondern Adieu.'"

33. Die verstummende Stimme im Radio

Die Nachrichten an diesem Morgen im August 1968 bestätigten, wovor sich alle in den letzten Tagen gefürchtet hatten: Die Soldaten des Warschauer Pakts waren in die Tschechoslowakei einmarschiert.

„Man muss sich das vorstellen", sagte Wacek, „Soldaten aus Ungarn sind dabei, nur zwölf Jahre nach dem eigenen niedergeworfenen Aufstand. Solche Schweine ... Und Polens ... unvorstellbar ... Polens ...! – sie sollten die Waffen niederlegen und nach Hause gehen."

Fela bestätigte: „An allem ist die Sowjetunion schuld und Stalin ist heute von den Toten auferstanden."

Und dann: „Jetzt sind sie uns wieder sehr nahe", sagte Fela, „und wenn sie wollen, marschieren sie weiter und sind dann hier." Und dann noch: „Wozu wäre das alles gut gewesen, dass wir vor ihnen davonlaufen wollten? Damit sie wieder da sind? Und leicht war es für uns nicht."

„Kaum ein Schuss wird fallen, wenn sie weitermarschieren", meinte Wacek, „außer auf uns, wenn sie uns finden."

Leise dann weiter: „Wie sie uns damals gefunden haben, als es um die Schauprozesse in Moskau ging – und wie sie mir aus dem Nichts vorgeworfen haben, dass ich mit den Angeklagten verschworen oder sogar verwandt wäre."

„Nein, kein Schuss wird fallen", sagte Fela, „und alle werden sich damit abfinden."

Sie ließen das Radio aufgedreht.

Wacek wandte sich an Rysio: „Interessant: Jeder weiß, wo er bei bestimmten historischen Ereignissen gerade war. So wie ich bei der Befreiung Krakaus 1944. Oder bei der Ermordung Kennedys. Und heute ist auch ein solcher Moment, Rysio, du wirst dich immer daran erinnern, wie wir heute vor dem Radio gesessen sind."

Aus dem Radio hörte man die Stimme des Präsidenten der Tschechoslowakei Svoboda, dessen Sprache sie leidlich verstanden, immer und immer wieder sagte er das Gleiche, dann hörte man aber nur mehr ein rauschendes Geräusch und die Stimme war verstummt.

„Wie mich das an alles Gewesene erinnert, aber jetzt wieder so nah ist", sagte Fela.

34. Anruf von Rosenberg (jetzt Rose)

„Hier spricht Tel Aviv", hörte Wacek den Mann am Telefon sagen, „um genauer zu sein: Es ist ein Telefonat aus der Dizengoff-Straße, um noch genauer zu sein: vom ‚Café Jules', um noch genauer zu sein: von der Kasse des Café Jules und um ganz genau zu sein: Es spricht Michal Rose, mein lieber Wacek, hier spricht dein Freund Michal", sagte Rosenberg (jetzt Rose), „und eigentlich will ich dich fragen, wie es wäre, wenn ich dich mit meiner Frau in Wien besuchen käme, wie wäre das …?"

Ein paar Tage später war er da: kaum gealtert, mit offenem weißem Hemdkragen nach der Art der Kibbuzniks und wie ihn Ben Gurion getragen hatte, und seine Frau Sarah mit langem, kaum gebändigtem schwarzem Haar, einem bunten roten Kleid mit großen Blumenmuster und weißen Stiefeln, wie sie modern waren.

Wacek hatte sie vom Flughafen abgeholt und als sie in die Stadt fuhren, erzählte Michal, dass sie zwei Söhne hätten und der jüngere Sohn davon träumen würde, Arzt zu werden, während der ältere ein großartiger Mathematiker wäre und die schwierigsten Aufgaben im Kopf rechnen könne.

Dann erzählten sie von Israel, vom Krieg von 1967, und Michal sagte, dass er in der Armee gewesen wäre und mit seiner Einheit sogar den Suezkanal überquert hätte und alle wären auf die Armee stolz gewesen, im Café Jules, im Land und in den Zeitungen aus Frankreich und Amerika, die sie im Café aufliegen hatten.

Rose (vormals Rosenberg) sah beim Fenster hinaus und sagte zu Wacek: „Die Stadt hat sich kaum verändert, seitdem ich von hier abgereist bin. Noch immer ist sie dunkel und finster und die Frauen schauen alle wie Mäuse aus – schau, wieder eine", und zeigte auf eine vorbeigehende Frau.
„Immerhin haben wir uns eingelebt", sagte Wacek, „sie haben es uns erlaubt, dass wir uns einleben."
„Immer werdet ihr fremd sein", sagte Rose, „glaube mir, immer fremd. Ich sehe das bei mir – ich fühle mich deshalb nicht fremd, weil dort alle fremd sind. Außer natürlich meine Frau, deren Eltern schon in den 30er-Jahren hingekommen sind. Aber alle anderen sind fremd. Ein Land als Heimat der vielen Fremden. Aber nicht einmal das: In unserem Country Club spielen die Polen Bridge, die Deutschen lesen und die Engländer spielen in weißen Trikots Cricket."

„Was sagst du?", fragte Sarah, „wieso fremd? Du sitzt doch an der Kassa und was willst du mehr?", und zu Wacek: „Er hat die wichtigste Aufgabe im Café und dir erzählt er, dass er fremd wäre."

„Hier spielt keiner Cricket, sie fahren nur Ski", sagte Wacek, „aber Fußball ist auch wichtig, wenn auch erfolglos."

Als sie dann im Hotel Post am Fleischmarkt, das sich gegenüber dem großen Postgebäude befand und etwas links von der Kreuzung lag, an der der Laurenzerberg in den Fleischmarkt mündete, angelangt waren, wartete da schon Fela, die Schoschana mitgebracht hatte, denn sie waren eng befreundet und trafen einander oft zum Kaffee, bei dem Schoschana sich meist über Getreuers beschwerte und sagte: „Besonders gegen Henry habe ich seit der widerlichen Geschichte mit meiner Mutter und dem Paket mit den Dollars, das er ihr mitgegeben hat, eine tiefe Abneigung und spreche nicht mit ihm, auch wenn es schwer ist, denn immerhin teilen wir uns die Wohnung mit ihm", erzählte über Fred und dass er bei allem, was er machen würde, tollpatschig wäre, „aber Autofahren – das kann er, und das tut er auch den ganzen Tag, man weiß nicht, wohin, aber er fährt umher, wenn er nicht gerade in der Putzerei ist."

Schoschana wurde Michal Rose und seiner Frau Sarah vorgestellt und Wacek wartete mit Fela und Schoschana in der Hotelhalle, um mit den Gästen zum Abendessen zu gehen.

Nach einer Weile gingen sie in das nahe gelegene „Griechenbeisl" am Fleischmarkt, Michal Rose erzählte von Israel, sagte, dass es gar nicht besonders heiß wäre, und wenn, dann würden sie in der Wohnung zwei einander gegenüberliegende Fenster öffnen, was sehr helfen würde, Sarah erzählte von ihren Malkursen, und dass alle Frauen in Israel malen lernen würden, „in sehr starken, sehr ausdrucksvollen Farben, ganz wild, wie das Land."

Wacek ließ Wein kommen und dann einen Wodka nach dem anderen und sagte zu Michal Rose: „Ada, die da um die Ecke wohnt, sagt ja bis heute und immer, wenn die Rede auf dich kommt, dass du ein Alkoholiker bist."

Sie stießen an und nachdem sie getrunken hatten, sagte Michal Rose: „Eigentlich ist es jetzt wie in Polen vor dem Krieg, nur eben nicht dort, sondern hier."

Schoschana lachte, sagte: „Jetzt ist Polen aber ganz anders, nichts erinnert mehr daran, wie es war. Da ist es jetzt hier viel eher so, wie es in Polen sein sollte. Ich meine: im Vergleich dazu, wie es jetzt dort ist."

Michal Rose legte Schoschana, die neben ihm saß, die Hand auf den Oberschenkel, der unter dem langen Tischtuch verschwand, und ließ sie dort liegen, wogegen sie sich nicht wehrte.

Auf dem kurzen Rückweg ins Hotel Post blieben Wacek und Michal Rose etwas hinter den anderen zurück und Wacek fragte, wie es ihm, Michal Rose, denn wirklich gehe.

Michal Rose antwortete: „Ich war immer einsam. Einsam, als ich die Inszenierungen gemacht habe, weil sie niemand verstand, einsam in der Zelle, wo ich die von den Kommunisten über mich verhängte Haft abbüßen musste, einsam in New York, und jetzt bin ich wieder einsam. Aber immerhin nicht allein."

35. Die Sesselbezüge

Einmal in der Woche lud Ada ihre Freundinnen statt der Bridgestube im Café Prückel zu sich nach Hause am Laurenzerberg zum Bridge ein. Julyi legte sich am Abend zuvor die Haare frisch in Dauerwellen.

Als sie sich dann in der Früh auf den Weg zum Laurenzerberg machte, sah Julyi ihre Nachbarin am Fenster des Wohnzimmers lehnen. Sie tat das den ganzen Tag, damit sie alles, was in der Gasse geschah, sehen und beobachten konnte. Von oben rief sie Julyi zu: „Wieder ein Fest bei Ihren Juden?", und Julyi murmelte, dass die Nachbarin sich „anderes Mal" um ihre eigenen Probleme, von denen sie offenbar zu wenig hätte, kümmern solle und dann sagte sie leise ungarische Verwünschungen, was der Nachbarin „anderes Mal" passieren solle.

An solchen Tagen, da die Damen zum Bridge kamen, war Julyi dazu angehalten, eine Dobostorte zu machen, doch musste sie dafür auf ihrem Weg über die Praterstraße zum Laurenzerberg einen kurzen Umweg machen, um in einem Milchgeschäft in einer Nebengasse auf der anderen Seite der Praterstraße die für die Torte notwendigen Zutaten Milch und Butter zu kaufen, die derart wichtig für die gelungene Zubereitung einer exzellenten Buttercreme waren, und sie sagte zur Verkäuferin im Milchgeschäft: „Anderes Mal sind Milch und Butter entscheidend für gute Buttercreme und eine gute Buttercreme ist entscheidend für gute Dobostorte."

Dann am Laurenzerberg sagte Julyi zu Ada: „Anderes Mal was ist das für Milch und Butter, die hier zu haben sind?", und machte mit der Hand eine wegwerfende Bewegung, „in Ungarn – das war wunderbare, fette Milch von gesunden Kühen und die Butter fett und zart zu streichen, eben wunderbar für Dobostorte, nicht wie hier."

Szymon ging an solchen Tagen in der Früh in das beste Lebensmittelgeschäft der Stadt auf den Neuen Markt, um einen saftigen Beinschinken zu besorgen, und nach seiner Rückkehr musste Julyi kleine Kanapees machen, auf die der Beinschinken aufgeschichtet wurde und oben drauf noch etwas – aber nicht zu viel – Kren kam, den Szymon vom gleichen Geschäft mitgebracht hatte.

Der Spieltisch wurde neben dem Esstisch aufgeklappt und die mit Beinschinken belegten Kanapees, die Dobostorte, der Kaffee mit den dicken und hohen Schlagobershäubchen und das beste Porzellan, das es im Haus gab, auf den Esstisch gestellt, damit sich die Damen bedienen konnten.

Da bei solchen Einladungen, nachdem die Damen gegangen waren, auf der einen oder anderen Sitzfläche der mit Samt bezogenen Sessel ein manchmal etwas nasser Fleck sichtbar geworden war, machte Szymon sich daran, auf den Sitzflächen der Sessel, die um den

Spieltisch standen, Plastiküberzüge zu befestigen, die an den Rändern mit Gummi versehen waren, damit sie nicht verrutschten.

Nicht nur bei den Sesseln der vier Bridgespielerinnen machte er das, sondern auch bei zwei anderen, denn man wusste nie, ob die Damen nicht doch den einen oder anderen Kiebitz mitbringen würden, und so waren die Sessel in Sicherheit.

Als die Damen dann eintrafen, ließ Szymon sie allein, denn er mochte das Getratsche nicht, das der Bridgepartie voranging, und ging die Praterstraße hinunter bis zum Café Dogenhof. Dort suchte er einen etwas abseits gelegenen Tisch und wartete, bis Susi kam.

Bald nach der Begrüßung und als sie sich gesetzt und Espressi bestellt hatten, gab Szymon Susi die in Papier eingewickelten zehn Dekagramm saftigen Beinschinkens, die er für sie bei seinen Einkäufen besorgt hatte.

Susi bedankte sich mit einem Kuss auf seine Wange, aber auch damit, dass sie nach dem dem Kuss folgenden Niedersetzen sich ihm zudrehte, und ihren rosa Unterrock etwas weiter als üblich unter ihrem weißen Plisseerock vorkommen ließ und Szymon ihre Strumpfansätze mit den Halterungen sehen konnte.

Szymon und Susi sprachen dann nicht vom Vorfall mit seinem Partner, bei dem Szymon und Liesl sie überrascht hatten, auch nicht über die seinerzeit geplante Adoption, die er vorgehabt hatte, sondern darüber, womit sie gern verwöhnt werden würde, denn er wäre – ohne Susi zu sagen, von wem der Ausspruch stammte – „immer ein Gentleman".

36. Richard kommt von der Schule nach Hause und trifft einen Freund aus dem 2. Bezirk

Als die Schule an diesem Tag vorbei war und die Auffahrt der hübschen Coupés mit ihren Ledersitzen, auf denen die hübschen Mütter, an die der eine oder andere Schüler auch noch am Nachmittag denken musste, oder die sich ihrer Bedeutung bewussten Väter saßen, begonnen hatte, ging Rysio an den auf ihre Eltern wartenden Schülern vorbei, ging den kurzen Weg nach Hause und tastete auf dem Heimweg nach dem Wohnungsschlüssel, denn heute würde seine Mutter nicht zu Hause sein, weil sie an der Universität aufgehalten war.

Als er das kleine Gartentor und die Tür zum Stiegenhaus aufgesperrt hatte, saß am Boden vor der Wohnung im Erdgeschoß sein Freund Karli, mit dem er im 2. Bezirk in der Volksschule gewesen war, ihn dann aber aus den Augen verloren hatte, weil Karli mit seinen Eltern und der Schwester verschwunden war. Darüber wurde weder in der Klasse noch in der Nachbarschaft gesprochen, obwohl Karlis Mutter die Hausbesorgerin des Nebenhauses von Rysio und seinen Eltern war.

Rysio litt an dem Verlust seines Freundes, weil Karli zwar klein, aber sehr kräftig war und alle Burschen verprügelt hatte, die sich über Rysio lustig machten, wenn er etwas auf Deutsch nicht richtig benennen konnte oder er in den Zeichnungen, die die Kinder miteinander teilten, auf die Panzer einem roten Stern malte, während die anderen Kinder immer einen weißen und amerikanischen Stern aufmalten. Dann war Karli aber auf einmal weg und niemand wusste, wohin.

Die anderen Kinder machten sich über Rysio schon länger nicht mehr lustig, weil er dann schon gut Deutsch zu sprechen gelernt hatte, was selbst die Lehrerin bei den Sprechtagen zugab, und er gelernt hatte, dass die Rote Armee hier als böse galt und man daher nicht zu ihr halten durfte, und so dachte er immer seltener an Karli.

Jetzt war er wieder da, noch immer kleiner als Rysio, aber mit breiten Schultern und stämmigen Beinen und in einem ärmlichen, an vielen Stellen geflickten Gewand, das unangenehm roch.

Rysio sperrte die Tür zur Wohnung auf und während er in die Küche ging, um ihnen Brot und Wurst zum Essen zu machen, ging Karli in der Wohnung umher, sagte, dass sie es sehr schön hätten, sagte, dass er mit seinen Eltern jetzt in einem Lager in Auhof wohnen würde, und fragte, ob er vielleicht ein Bad nehmen könnte, denn das hätte er noch nie gemacht, und er wüsste, dass man das in reichen Häusern mache, auch wenn er nicht wüsste, wie sich das anfühle.

Dann saßen sie beim Essen und Karli erzählte, dass man sie damals aus ihrer Wohnung im 2. Bezirk delogiert hätte und er mit seiner Familie jetzt in diesem Lager in Auhof wohnen würde, weil der Vater häufig betrunken gewesen wäre und dann die Mutter und Karlis Schwester geschlagen und auch nachts randaliert hätte.

Dabei wäre er dann trotz seines im Krieg amputierten Beins auf den zwei Krücken durchs Stiegenhaus des Hauses, wo seine Frau Hausbesorgerin war, gegeistert, hätte laut geschrien und die Leute hätten sich beschwert. Da hätte nicht geholfen, dass Karlis Mutter das Stiegenhaus immer sauber gehalten hätte und das Haus auch sonst gut versorgt gewesen wäre.

Dann erzählte Karli, dass – als ob das nicht genug gewesen wäre – die Behörden draufgekommen wären, dass seine Schwester im Prater auf den Strich für minderjährige Mädchen gehen würde, denn die Polizei hätte sie dort aufgegriffen, als sie in das Auto eines der Freier, die sie frequentierten, steigen wollte. „Die Polizisten zerrten sie aus dem Auto, nahmen sie auf die Wachstube mit, ließen sie sich ausweisen", und dann wäre es vorbei gewesen und sie wären alle ins Lager nach Auhof gekommen und er müsse jetzt in die nahe gelegene Hauptschule gehen.

Die Adresse von ihm, Rysio, hätte Karli – so erzählte er – im Telefonbuch gefunden und er wäre froh, wenn er manchmal zu ihm kommen könne. Dann aß er noch etwas, ging und kam nie wieder.

37. Wieder im Hotel Wandl

Der Portier nickte Schoschana zu, als er sie wiedererkannte, lächelte sie an, doch dann sah er den fremden, deutlich älteren Mann, der zur Tür hereinkam und sich neben Schoschana stellte, als sie um ein Zimmer bat.

Bei der Frage des Portiers nach dem Namen des Mieters des Zimmers trat der Mann vor, sagte: „Rose, Michal Rose", legte seinen Pass hin und erhielt danach einen Schlüssel. Schoschana und er bestiegen den Lift und fuhren in den dritten Stock.

Als sie nach einiger Zeit wieder in den Lift stiegen, um in die Hotelhalle zurückzufahren, sagte Michal Rose zu Schoschana: „Wenn Wacek das erfährt, bekomme ich viel mehr Jahre Gefängnis, als mir die Kommunisten damals gegeben haben. Oder er kommt nach dem Mord an mir ins Gefängnis", und lachte. Schoschana entgegnete: „Wahrscheinlich würdest du am Leben bleiben. Mich hingegen würde Henry oder einer seiner Freunde ganz sicher erschießen."

38. Kauf einer Uhr der Marke Doxa bei Herrn Edelstein

Herr Edelstein war Uhrenhändler und Juwelier und wohnte im 2. Bezirk in der Großen Stadtgutgasse. Er war klein, hatte kaum Haare am Schädel, kaute unentwegt an Pfefferminz-Gelee-Bonbons und roch als Ganzes nach ihnen.

Er liebte dieses Pfefferminz-Gelee und bot es seinen Gesprächspartnern an, die aber alle ablehnten, weil nur Herr Edelstein, aber niemand anderer das Gelee und dessen komischen Geschmack mochte, und niemand wusste, woher er dieses Pfefferminz-Gelee hätte, denn in den allgemein bekannten Geschäften wären diese Bonbons nicht zu haben, nicht einmal in solchen, die

die ausgefallensten Süßigkeiten im Sortiment führten. Herr Edelstein konnte vom Uhrenverkauf kaum leben und so reparierte er auch günstig Uhren, die die Kunden in seine Wohnung brachten.

Er wohnte in einer finsteren Parterrewohnung und konnte vom Esstisch, auf dem er seine Uhrenwerkstätte eingerichtet hatte, die Passanten an seinem Fenster vorbeigehen sehen.

Vor dem Fenster hingen Vorhänge mit derart großen Maschen, dass sie kaum Schutz vor neugierigen Blicken boten, und so konnte Herr Edelstein hinaussehen.

Aber niemand war neugierig und niemand versuchte zu sehen, was in der Wohnung von Herrn Edelstein vorgehen würde, auch wenn die Vorhänge ihn nicht abschirmten. Der Esstisch diente ausschließlich zur Uhrenreparatur, denn Herr Edelstein aß sehr wenig, und seine immer zu weite Hose baumelte an Hosenträgern.

Als Wacek beschloss, dass es Zeit wäre, seinem Sohn Rysio eine Uhr zu kaufen, damit er pünktlich in die Schule käme und wüsste, wie lange die Schulstunde noch gehen würde, erinnerte er sich an Rosenberg, der seine Überfahrt nach Amerika mit dem Geld bezahlt hatte, das er für den Verkauf seiner Uhr von Herrn Edelstein bekommen hatte.

Und so ging er von der Firma in der Praterstraße in die nahe gelegene Große Stadtgutgasse und erkannte das Haus, in dem Herr Edelstein seine Werkstätte hatte.

Herr Edelstein fragte, für wen die Uhr und – dann – wie alt der Sohn wäre, und wickelte aus verknülltem Seidenpapier mehrere Modelle, die er nebeneinander legte. Wacek sah alle Uhren genau an und entschied sich für eine Doxa mit schwarzem Zifferblatt und im Dunkeln leuchtenden Zeigern und Ziffern, denn – so sagte er – das wäre sicher etwas Lustiges für einen Knaben in Rysios Alter, und er dachte, dass die anderen Kinder, die mit den schönen Coupés von der Schule abgeholt wurden, seinen Sohn wohl um diese schöne Uhr beneiden würden.

Herr Edelstein wickelte die Doxa wieder in Seidenpapier ein und als es zum Zahlen kam, bat Herr Edelstein Wacek, am Esstisch Platz zu nehmen, bot ihm ein Pfefferminz-Gelee-Bonbon an, das Wacek annahm, doch bald darauf wegen des unangenehmen Geschmacks den Mund verzog.

Auf dem Tisch lagen geöffnete Uhren, Werkzeug, eine Lupe und in Unordnung viele kleine Ersatzteile, doch am anderen Ende des Tischs, von dem Herr Edelstein aufgestanden war, als Wacek eingetreten war, Tuschezeichnungen auf Transparentpapier und eine Tuschefeder.

Auf den Papieren waren unterschiedliche, mit größter Akribie und Beachtung der auch nur kleinsten Details und der kleinsten Verzierung alte Schmuckstücke gemalt: Uhren, Armbänder, Ringe, Halsketten, Ohranhänger. Manche Schmuckstücke waren groß und prächtig, andere klein.

Als Wacek Herrn Edelstein fragte, ob es sich um Entwürfe für zukünftige Schmuckarbeiten handle, und sagte, dass er gar nicht gewusst habe, dass Herr Edelstein auch solchen Schmuck machen und verkaufen würde, sagte Herr Edelstein: „Verzeihen Sie, aber das alles würde ich niemals in dieser Form und Qualität anfertigen können. Diese Fertigkeiten fehlen mir ebenso wie das Geld, das ich allein für das Gold und die Diamanten ausgeben müsste, ohne noch einen Käufer zu haben. Aber mit Tusche Schmuckstücke entwerfen – das habe ich gelernt und das kann ich."

Als sie dann über die anachronistische Anmutung der Schmuckstücke sprachen, sagte Herr Edelstein, dass es sich natürlich nicht um Schmuckstücke aus der jetzigen modernen Zeit, sondern aus der Zeit von vor dem Krieg und manchmal lang davor – auch vor dem Ersten Weltkrieg – handeln würde.
„Das sind Zeichnungen von Schmuckstücken, die den Juden von den Nazis geraubt worden sind", sagte Herr Edelstein und nahm noch ein Pfefferminz-Gelee-Bonbon und bot Wacek auch eines an, das dieser aber jetzt ablehnte.
„Ich mache diese Zeichnungen nach den Schilderungen der Menschen, die zu mir kommen und dort sitzen, wo Sie jetzt sitzen, und fertige nach ihren Beschreibungen einige Modelle an und dann sagen sie, welches am ehesten an das Original, das sie mir geschildert haben, erinnert. Dann verfeinere ich die Zeichnungen, denn das alles sind Kunstwerke, und die Leute kommen, nehmen die Zeichnungen mit und schicken sie dann dem Amt in Deutschland, das diese Ansuchen bearbeitet, denn die Menschen brauchen die Zeichnungen

beim Ansuchen um finanzielle Rückerstattung durch die Deutschen. In Wirklichkeit ist diese Rückerstattung gar keine Rückerstattung und kann auch gar nicht eine Rückerstattung sein, wenn man die Menschen erniedrigt und zwingt, etwas aufzuzeichnen, was man ihnen weggenommen hat."

Und dann: „Sie nennen es ‚Wiedergutmachung', aber welche Gemeinheit liegt in diesem Wort und auch in seinen Teilen. ‚W-i-e-d-e-r-g-u-t-m-a-c-h-u-n-g'", sagte Herr Edelstein, „nichts macht man wieder gut, gar nichts, aber alles ist ganz genau gesetzlich geregelt – wie immer. Als ob der Raub und das Morden nicht schon schrecklich genug und nicht schon erniedrigend genug gewesen wären."

Dann war es still und Herr Edelstein sagte gedehnt: „‚W-i-e-d-e-r-g-u-t-m-a-c-h-u-n-g' – dass ich nicht lache, wenn es nicht so bitter wäre."

Wacek nahm die in Seidenpapier eingewickelte Uhr, steckte sie in seine Sakkotasche, ließ das Geld am Tisch liegen, lehnte ein letztes Pfefferminz-Gelee-Bonbon ab und ging.

Auf dem Weg zurück zur Praterstraße dachte er an das glückliche Gesicht von Rysio, das er machen würde, wenn er die Uhr das erste Mal zu sehen bekommen würde, und an seinen Stolz, wenn er sie zum ersten Mal in der Schule an seinem Handgelenk tragen würde.

39. Die Fahrt mit der Rettung

Wacek, seine Frau Fela und Rysio saßen beim Frühstück, als das Telefon läutete. Wacek hob ab und hörte Ada schreien und weinen und danach wieder schreien: „Komm sofort her, Szymon ist beim Frühstück zusammengebrochen. Er liegt am Boden."

Wacek sagte zu ihr, dass er gleich kommen würde, doch solle sie sofort die Sanität holen. Wacek und die Familie – auch Rysio – fuhren los, doch war der Verkehr in der Früh sehr dicht und der Laurenzerberg vom 19. Bezirk weit entfernt.

Als sie ankamen, trugen die Sanitäter Szymon, dem Ada einen Schal um den Kopf gewickelt hatte, damit er nicht fror, auf der Bahre aus dem Haus, schoben sie ins Fahrzeug und fuhren ab.

Ada im Pelzmantel, darunter noch im Nachthemd, in Tränen, in sich versunken, saß neben Wacek im Auto, das der Sanität ins Spital, wo der Professor Vorstand war, hinterherfuhr.

Wieder dauerte es lange, bis sie angelangt waren, auch wenn der Fahrer der Sanität manchmal das Blaulicht betätigte, um sich auf besonders stark befahrenen Kreuzungen gegen die anderen Autos durchzusetzen, und Wacek dann Schwierigkeiten hatte, dem Sanitätsauto zu folgen.

Szymon wurde aufs Zimmer gebracht, alle warteten auf den Professor, der endlich kam, Szymons Herz abhörte, die Lunge, und dann ein EKG befahl, das eine der Schwestern mit Haube, dunkelblauem Gewand und gestärkter Schürze brachte.

Rysio stand mit Wacek im Raum, als das EKG geschrieben wurde, das der Professor betrachtete, sagte, dass es ein Infarkt wäre, denn das würde er erkennen, auch wenn er kein Herzspezialist wäre, und sagte: „Wer kann heute schon alles?", und dass man Professor Stohler holen solle, denn „er ist eine Kapazität, zu der die Patienten aus dem ganzen Land anreisen."

Bald kam Professor Stohler, rotwangig, dick, mit fliegendem weißem Mantel, ging mit kurzem Kopfnicken an Ada und Fela vorbei ins Zimmer. Der Professor zeigte ihm den EKG-Streifen und Stohler sagte: „Unglaublich, die ganze Hinterwand", griff in die Tasche seines Mantels nach dem Stethoskop, hörte Szymon an verschiedenen Stellen des Oberkörpers ab, und während er das tat, hörte Szymon zu atmen auf.

Professor Stohler sah Szymon an, steckte das Stethoskop in die Manteltasche, ging zu Rysio, tätschelte ihm die Wange, ging aus dem Zimmer hinaus und sagte zu Ada: „Mein Beileid, liebe gnädige Frau. Mein tiefes Beileid", küsste ihre Hand und ging in Begleitung des Professors, der ebenfalls Adas Hand geküsst hatte, den Gang hinunter.

Ada rief: „Lasst mich zu ihm, solang er noch warm ist, lasst mich zu ihm!", lief ins Zimmer, stürzte sich über Szymon, rutschte aus, fiel mit dem Kinn auf den Bettrahmen. Da glitt die Perücke, die sie morgens aufgesetzt hatte, weil sie keine Zeit gehabt hatte, sich zu frisieren, unter das Bett des Toten.

So stürzte Ada sich wieder mit ihren ungeordneten, unfrisierten, nach oben zusammengebundenen grauen Haaren auf Szymon, während Rysio unter das Bett, in dem der Tote lag, kroch, um die Perücke hervorzuholen und sie danach Ada zu geben.

Ada setzte die Perücke auf und nahm auf dem Bett neben dem Verstorbenen Platz, hielt seine Hand, weinte und wiederholte immer wieder: „Lasst mich bei ihm, solang er noch warm ist."

40. Abendessen in der Roten Bar

„Keine Frage, dass wir uns beim Professor bedanken müssen", sagte Wacek zu Ada, denn der Professor hätte sich beim Tod von Szymon derart hilfreich benommen, dass man das nicht übergehen könne.

„Ja, und dass er Professor Stohler gleich mitgenommen hat ... Eine derartige Kapazität hat man sonst auch nicht gleich bei der Hand, wenn auch – zugegeben – er offenbar zu spät gekommen ist", sagte Wacek.

„Alles ist zu spät gekommen, alles", entgegnete Ada, „nur der Infarkt ist viel zu früh gekommen. Jeden Abend sind wir nach dem Abendessen eine ganze Stunde rasch durch die Stadt spaziert – vom Laurenzerberg, den Fleischmarkt über die Rotenturmstraße und den Graben, den Kohlmarkt, den Michaelerplatz, die Herrengasse und die Kärntner Straße, wo Szymon immer nach der Leuchtreklame geschaut hat, zurück über die

Rotenturmstraße und den Fleischmarkt wieder nach Hause", und: „Am Mangel an Bewegung kann es nicht gelegen haben", sagte Ada, „wo doch alle sagen, dass Bewegung so gut für das Herz sein soll. Und geraucht hat er auch nie. Jetzt bin ich allein, aber ich gehe die idente Strecke jeden Abend ab, während Szymon im jüdischen Teil des Zentralfriedhofs am vierten Tor liegt."

„Auf jeden Fall gehört es sich, dass wir den Professor zu einem eleganten Abendessen einladen", sagte Wacek, „denn wir müssen uns revanchieren."

Dann sprachen sie, wohin man zum Abendessen gehen könne, denn das eine Lokal erschien zu wenig elegant, das andere vielleicht übertrieben, bis Ada sagte, dass sie Mara, die Frau des Herrn Professors, fragen würde, ob ihnen die Rote Bar im Hotel Sacher recht wäre, und später gratulierte Mara zu der ausgezeichneten Wahl, denn gerade das wäre das Lieblingsrestaurant des Herrn Professor.

Da saßen sie also jetzt – Wacek und Fela und Ada – und warteten und als der Professor bei der Tür hereinkam, unterbrach der Pianist Lehárs „Gold und Silber"-Walzer, den er gerade gespielt hatte, und stimmte das Wienerlied „Herr Doktor, erinnern Sie sich noch ans Zwölferjahr?" an, das der Professor so liebte.

Der Professor ging beim Hereinkommen am Klavier vorbei, legte auf den Teller, der am Klavier stand, einen Geldschein, was den Pianisten veranlasste, sich etwas von seinem Sitz zu erheben, ohne das Spiel zu unterbrechen.

Dann grüßte der Professor mit Verbeugungen zum einen oder anderen Tisch hinüber, während seine Frau Mara bescheiden die Augen senkte und die Lippen spitzte.

Am Tisch, an dem Wacek, Fela und Ada saßen, angekommen, begrüßte der Professor die Damen mit einem Handkuss und setzte sich mit dem Rücken zur Wand mit Blick in den kleinen Saal und auf das an der rechten Wand hängende Bild der alten Frau Anna Sacher mit Zigarre, während Mara ihm gegenübersaß.

„Eine wunderbare Wahl", sagte der Professor zur neben ihm sitzenden Ada, ergriff nochmals ihre Hand und küsste sie, „so schade, dass der arme Verblichene das nicht erleben kann. Wo haben Sie ihn denn begraben?"

„Am Zentralfriedhof", sagte Ada.

„Wirklich? War der Herr Gemahl so prominent?", fragte der Professor.

„Nein, er liegt am vierten Tor", antwortete Ada.

„Oh, Pardon", sagte der Professor.

Mara wurde bewusst, dass die Konversation in die falsche Richtung gehen könnte, was nicht zum Essen und den kleinen Karaffen mit Weißwein, die kredenzt wurden, passen würde, und sagte mit ihrem leichtem kroatischen Akzent: „À propos Prominenz: Sie müssen einmal die Briefe von Richard Strauss, die er meinem Mann geschickt hat, bei uns lesen. Die arme Pauline ..."

Und dann: „Ein großartiger Mann, auch wenn jetzt das eine oder andere Dumme über ihn geredet wird, wo er doch seine große Toleranz bewiesen hat – denken Sie nur an seine Zusammenarbeit mit Hofmannsthal und Reinhardt und – ja! Zweig ... Wäre das alles ohne die größte Toleranz möglich gewesen?"

Mara zog eine kleine Karte aus ihrer Handtasche aus gelbgrünem Krokodilleder, reichte sie zu Wacek hinüber und sagte: „Hier habe ich den Text einer Ansichtskarte abgeschrieben, die Strauss an meinen Mann aus Garmisch geschickt hat – eine kleine Aufmerksamkeit als Dank für die wunderbare Einladung."

41. Das Attentat

Als Sarah anrief, war noch nichts bekannt. Nicht aus dem Radio, das sie immer lauter drehten, als die Nachrichten kamen, und schon gar nicht aus den Zeitungen, denn das Attentat war erst vor wenigen Stunden passiert. Es war das Attentat, das Michal Rose tötete, als er – wie er gesagt hatte – „nur kurz" das Café Jules an der Dizengoff-Straße verlassen hatte, und seinen Schwiegervater bat, die Kassa zu übernehmen, denn er wäre bald zurück.

Das Attentat, das ihn als Einzigen tötete, als er an dem Sprengsatz vorbeiging. Bei ihrer Suche nach den Urhebern fand die Polizei einen Brief, in dem Freiheit gefordert und erklärt wurde, dass das Attentat im Namen ebendieser Freiheit erfolgt wäre.

42. Das verlorene Kind

Schoscha lag blass im Bett des Spitals, in das sie gebracht worden war, nachdem sie mitten in der Schwangerschaft zu bluten begonnen hatte. Die dunklen Haare lagen unfrisiert auf dem Kopfpolster, die Frau schaute bewegungslos zur Decke, die Arme lagen am Körper an, der unter dem Spitalsleintuch lag.

„Es wird wohl nichts werden", sagte Schoscha zu Fela, die neben dem Bett auf einem der harten Sessel saß und versuchte, eine Hand Schoschas zu halten, die dann leblos in ihrer lag.

„Es wird wohl nichts mit dem Kind werden", wiederholte Schoscha, „es ist jetzt schon zum dritten Mal, dass es nichts wird."

Fela schwieg, denn sie konnte nichts darauf sagen, denn was konnte man schon darauf sagen. So schwiegen beide Frauen, die eine im Wissen ihrer zukünftigen Kinderlosigkeit, die andere hilflos.

Dann und nach längerem Schweigen sagte Fela: „Versteht Fred, dass es ist, wie es ist?"

Schoscha zuckte mit den Achseln, schaute weiter zur Decke, sagte: „Ach, Fred" und schwieg.

„Wissen es deine Eltern?", fragte Fela.

„Ich schreibe ihnen immer wieder, besonders der Mutter, die seit dem Gefängnis ganz verändert ist", und dann: „Manchmal telefonieren wir, aber es dauert Stunden, bis man eine Verbindung bekommt und verbunden wird, und sprechen kann man ja nicht wirklich, weil da immer dieses Klicken in der Leitung ist und die

‚Sicherheit' uns dann wahrscheinlich abhört", und dann: "Was kann man da schon sagen, wenn man nicht allein ist?"

Die Tür des Zimmers ging auf, Fred kam mit einem Blumenstrauß herein, neigte sich über Schoscha, küsste sie auf die Wange, auch Fela, die sagte, dass sie die beiden jetzt wohl allein lassen wolle. Fred setzte sich an den Bettrand, verdrängte Felas Hand aus Schoschas Hand. Schoscha aber bat Fela zu bleiben.

Fred erzählte lispelnd, dass er beim Eingang zum Spital einen Freund getroffen hätte, der ihm einen hervorragenden Witz erzählt hätte, den er jetzt gleich und hier weitererzählen wolle. Dann erzählte er den Witz und lachte. Schoscha lächelte und stieß Luft durch die Nase, während Fela auf den Boden sah.

43. Das Plakat

Das Abendessen, das Julyi zubereitet hatte, war gut gewesen und am Schluss gab es die übliche Dobostorte, die Julyi von zu Hause mitgebracht hatte, und dazu Kaffee mit dem großen Schlagopfersgupf, der zunächst, und weil sich der Zucker darin verfing, süß schmeckte, dann aber darunter der bittere Kaffee hervorkam.

Julyi trug die Haare noch immer in kleinen Dauerwellen, zwischen denen die Kopfhaut sichtbar war, doch hatte sie aufgehört, sich die Haare rot zu färben, und so waren die Dauerwellen grau.

Auch ging sie langsamer als früher, denn die Ballen an den Großzehen, über die sich die hoch geschnürten

Schuhe wölbten, waren größer geworden und da wurde das Gehen schwer. Doch war sie noch immer darauf bedacht, die gestärkte weiße Schürze über ihren Kleidern zu tragen, und sagte zu Wacek, der mit Fela zum Abendessen gekommen war: „Anderes Mal, man ist keine ordentliche Köchin, wenn die Schürze nicht weiß und sauber ist."

Ada hatte Wacek und Fela gebeten, früher als es vielleicht üblich war, zum Abendessen zu kommen, denn im Abendprogramm des Fernsehens war die „Bilanz der Saison" mit Karl Farkas und vor allem Ernst Waldbrunn angesetzt und Ada liebte es, wenn die beiden Komiker den Gescheiten und den Blöden gaben.

Doch jetzt, da Szymon tot war, wollte Ada die Sendung nicht allein ansehen und so hatte sie sich gedacht, dass Wacek und Fela ihr nach dem Abendessen dabei Gesellschaft leisten könnten, denn gemeinsam lachte es sich leichter.

Nach dem Kaffee ging Ada zum Fernsehapparat und nach ein paar Minuten begann schon die Übertragung aus dem Kabarett Simpl, das gar nicht weit vom Laurenzerberg entfernt war.

Als Karl Farkas auf die Bühne kam und mit seiner Miene ins Publikum schaute, musste Ada schon beim Anblick lachen. Sie sagte dann zu Wacek und Fela, dass zwar manche Leute sagten, dass er vieles von einem gewissen Grünbaum, der vor dem Krieg Kabarettist in Wien gewesen und mit Farkas gemeinsam aufgetreten war, übernommen hätte, aber sie sagte, dass sie das wenig kümmern würde, denn man könnte sich nicht immer nur düstere Gedanken machen, und lachte weiter.

Und so ging das Lachen über die verschiedenen Szenen, die in einer Abfolge und unterbrochen von Farkas' kurzen Conférencen gespielt wurden, weiter und nur manchmal sagte Ada: „Das war schwach", aber sagte, dass sie sich schon auf die nächste Szene freue.

Alle drei lachten, als Farkas und Waldbrunn als der Gescheite und der Blöde auf der Bühne des kleinen Theaters ihre meist harmlosen Späße übereinander und die kleine Welt, in der sie zu leben vorgaben, machten.

Als die Sendung vorbei war, sagte Ada: „Das war heute gelungen. Es ist ja nicht immer gelungen, aber heute war es sehr gelungen."

Gleich danach läutete das Telefon und es war Adas Freundin Mia, die mit Ada besprach, wie amüsant, gelungen und spaßig das Programm diesmal gewesen wäre.

Nach einer Weile des Schweigens und nachdem Mia lange gesprochen hatte, sagte Ada zu ihr: „Ich habe dir schon immer gesagt: Wenn man gewinnt, soll man den Tisch küssen und gehen, aber nicht weiterspielen. Das hast du jetzt davon", und zu Wacek und Fela, indem sie eine Hand über die Sprechmuschel des Telefons legte, leise und flüsternd: „Sie geht nämlich immer ins Casino", und wieder zu Mia: „Lass es dir eine Lehre sein. Wenn man gewonnen hat, küsst man den Tisch und geht."

Als das Gespräch dann vorbei war, sagte Ada zu Fela und Wacek: „Ein Vermögen hat sie verspielt. Immer verspielt sie ein Vermögen. Zuerst gewinnt sie und dann spielt sie weiter und verspielt ein Vermögen."

Wacek bat Fela, dass sie jetzt gehen sollten, und Fela und er küssten Ada auf die Wange, riefen Julyi, die noch immer in der Küche putzte und dies eher deshalb, um nicht allein zu Hause zu sein, ihren Dank zu und lobten nochmals die wunderbare Dobostorte.

Vor dem Haus am Laurenzerberg angelangt, gingen sie in Richtung des Fleischmarkts, wo ihr Auto parkte. An der Ecke der beiden Straßen stand jetzt ein Plakatständer, der vorher, als sie zu Ada gegangen waren, noch nicht dagewesen war, aber es war die aufgeregte Zeit des Wahlkampfs um den Einzug ins Parlament.

Auf dem Plakat war ein großes Bild von Bundeskanzler Klaus und neben dem Bild stand: „Ein echter Österreicher".

Sie sahen das Plakat an und Fela sagte zu Wacek: „Da geht es wohl um den Juden Kreisky und dass er eben kein echter Österreicher wäre."

Sie gingen schweigend weiter, bestiegen das Auto und Wacek sagte, als sie schon eine Weile unterwegs waren: „Rosenberg hat damals im Café Prückel recht gehabt, als er über dieses Land sprach."

Fela fragte, was er damit meine, und Wacek sagte: „Wir saßen damals, als Rosenberg in Wien war und bevor er nach Amerika fuhr, im Café Prückel am Lueger-Platz", und da hätte Rosenberg gesagt, dass sich dieses

Land niemals ändern würde und dass es klein, eng und mit sich selbst zufrieden wäre.

„Er erzählte damals", sagte Wacek, „dass man ihn häufig gefragt hätte, was für ein Landsmann er sei, und ich habe damals geglaubt, dass er übertreiben würde, als er mich fragte, wie ich hier leben wolle, wenn man mich immer wieder fragen würde, was für ein Landsmann ich wäre."

Nach einer Pause: „Ostjuden wären wir, hat Rosenberg gesagt, auch wenn uns manche ins Gesicht freundlich zunickten, aber hinter unserem Rücken würden sie sagen, dass wir Ostjuden wären, und dass sie dann mit ihren Händen wackeln und uns verspotten würden."

Fela sagte: „Recht hat er gehabt – jetzt steht es auf dem Plakat: ‚Ein echter Österreicher'. Das sind wir zwei und auch Rysio nicht."

Und nach einer Pause wiederholte sie: „Wie sollen wir das alles Rysio erklären, wo er doch sein Leben hier verbringen soll?"

44. Filip schreibt einen Brief aus Tel Aviv an Richard

„Lieber Rysio", schrieb Filip, „jetzt bin ich mit der Schule fertig und werde zur Armee gehen. Ich freue mich sehr, dass ich alle Prüfungen bei der Armee bestanden habe und jetzt mein großer Traum, Pilot in einem Kampfjet zu werden, in Erfüllung gehen wird. Die Ausbildung dauert lange, weil sie uns zuerst über alles Notwendige am Boden unterrichten werden, und dann müssen wir ja noch fliegen lernen, bevor sie uns in einen Kampfjet setzen. Ich werde dir ein Foto schicken, wenn ich eine Uniform habe, und dann, wenn ich das erste Mal einen Jet besteige. Wird aber lange bis dahin dauern.

Meine Eltern sprechen inzwischen schon fließend Hebräisch, sogar manchmal miteinander zu Hause. Wir wohnen in einem Vorort von Tel Aviv, in Ramat Gan, in einer Siedlung von neuen Häusern, und jetzt ist es in unserem Sommer sehr heiß. Wenn ich das Fenster meines Zimmers in der Nacht aufmache, höre ich laut die verschiedenen Radiostationen der Nachbarn von gegenüber, aber ich kann vor Hitze ohnehin nicht schlafen.

Bei uns ist immer von Krieg die Rede und die Nachrichten sind voll davon, dass von irgendwoher ein Angriff drohen würde. Am meisten fürchten sich alle vor den Syrern, weil sie die beste Armee hätten.

Am kommenden Wochenende werde ich ins Kino gehen, um „Love Story" anzusehen – alle sprechen darüber, dass der Film so gut sein soll.

Ich habe mehrere Briefe an meine Freunde in Polen geschrieben, aber keiner hat geantwortet. Ich hoffe sehr, dass du das sehr wohl machen wirst. Jetzt muss ich schlafen gehen, weil ich morgen in der Früh in der Kaserne sein muss. So früh, dass es nicht möglich ist, dorthin einen Bus zu nehmen, und deshalb bringt mich mein Vater mit dem Auto hin.

Lass von dir hören!
Dein Filip"

45. Wieder im Café Gerstner, diesmal zwei Frauen

Ja, es hätte sie sehr geschmerzt, dass Michal Rose gestorben wäre, sagte Schoscha zu Fela, die beide im Café Gerstner in der Kärntner Straße saßen. Sehr hätte es sie geschmerzt, denn immerhin wäre Michal Rose nach den zwei Männern in Krakau und Fred der vierte Mann in ihrem Leben gewesen.

Und auch, wenn darunter der Komödiant Andrzej vom Teatr Słowacki gewesen wäre, mit dem sie einmal nach einem Studententreffen in der Jama Michalika in der Ulica Floriańska in die kleine Wohnung eines seiner Freunde mitgegangen wäre. An der Universität wäre ihr dann der schöne Stanislaw, dem alle Frauen nachliefen, vorgestellt worden.

Ein wunderschöner Mann wäre er gewesen, sah Gary Cooper ähnlich, dessen letzten Film sie kurz davor im Kino Rialto, als sie zu Besuch bei ihrer Tante in Poznań gewesen wäre, gesehen hätte.

Trotzdem wäre sie in Wirklichkeit bis heute in den wunderschönen Andrzej vom Krakauer Teatr Słowacki verliebt, während sie Stanislaw schon fast vergessen hätte.

Fela entgegnete, dass Wacek Andrzej nicht nur kennen würde, sondern er sogar der Mann von Waceks Schwester wäre und dass auch sie ihn einmal gesehen und als sehr attraktiv empfunden hätte. Und nach einer Weile: „Sehr attraktiv war er."

Schoschana schwieg nach dieser Nachricht und sah stumm auf die Straße hinaus, nach einer Pause aber sagte sie: „Nach ein paar Spaziergängen über die Planty, entlang der Wisła und hinauf zum Wawel, wo Andrzej und ich uns in der Dunkelheit das erste Mal küssten, kam es – wie es sich alle Frauen, die ihn umschwärmten, gewünscht hätten – dass er mich einlud, mit ihm übers Wochenende nach Zakopane zu fahren", sagte Schoscha, „aber seine Frau hat er nie erwähnt."

Und dann: „Fred zähle ich nicht, weil er nicht gezählt werden kann, aber so war Michal Rose der in Wahrheit dritte Mann in meinem Leben. Und jetzt ist er tot. Andrzej und Stanislaw leben und so zählen sie, Fred zählt nicht, weil er ohnehin nicht zählt, und Michal Rose ist tot."

Nach einer Pause: „So könnte man sagen, dass ich keinen Mann in meinem Leben gehabt habe, denn wer will denn das Gegenteil bezeugen? Zwischen Andrzej und Stanislaw und mir liegen jetzt die scharfen Grenzen, an denen die Soldaten mit ihren Schäferhunden patrouillieren, und Fred ist hier und mein Mann, aber er zählt gar nicht. Also ...? Es gibt keinen ...", sagte Schoscha und winkte dem Kellner zu, damit er ihr ein Glas Punt e Mes mit Eiswürfeln brächte, den sie seit kurzer Zeit so sehr mochte.

Fela lachte laut, weil sie Schoschas Logik amüsierte, mit deren Hilfe sie zu der Schlussfolgerung gekommen war, doch Schoscha sagte dann noch: „Kinder kann ich auch keine bekommen."

Und nach einer Pause: „Deswegen habe ich beschlossen, es mir lustig zu machen. Irgendwie muss ich mich bei Getreuers revanchieren: dafür, dass Fred so langweilig, so ungeschickt ist und dafür, dass Henry meine Mutter ins Gefängnis gebracht hat."

Dann sah Schoscha auf die Straße, trank das Glas Punt e Mes zur Hälfte leer und Fela sagte: „Immerhin haben sie dich hierhergebracht. Und es geht dir gut."

Schoscha entgegnete: „Bin nicht da und nicht dort. Es geht mir gut, doch anders, wie alle anderen glauben."

46. Wacek und Fred gehen in der Prater Hauptallee spazieren

Fred hatte Wacek mit seinem neuen grau-silbernen MG Cabriolet abgeholt, um mit ihm spazieren zu fahren. Wacek dachte, dass Fred mit seinem untersetzten Körperbau, seinen dicklichen Wangen und der kurz geschnittenen Bürstenfrisur gar nicht in das Auto passte, denn in solche Autos würden ganz andere Typen gehören: Anthony Perkins oder James Dean – das sah man im Kino: Die würden in ein solches Auto passen, aber sicher nicht Fred, nicht vom Gesicht her, nicht von der Figur her und schon gar nicht von seinem dunkelblauen Anzug mit der schmalen Krawatte zum weißen Hemd.

Er selbst, dachte Wacek, würde aber auch nicht in ein solches Auto passen, denn er würde sich immer bemühen, seriös und wie ein Buchhalter dreinzusehen, und das würde auch nicht zum Cabrio passen.

„Zwei Juden im Cabrio", sagte Wacek nach diesen Gedanken und lachte.

Fred lachte mit und sagte lispelnd: „Immerhin ist es ein englisches Modell und kein Porsche."

Sie fuhren in den Prater, der Wind pfiff ihnen um die Ohren, aber es war ein sehr sonniger und warmer Tag im Altweibersommer, „ideal zum Cabrio-Fahren, vielleicht das letzte Mal im Jahr", sagte Fred und trat im Stehen bei einer Ampel so stark auf das Gaspedal, dass der Motor aufheulte.
Dann lachte er.

In der Hauptallee parkte er, die zwei Männer stiegen aus und spazierten zum Lusthaus weiter. In der Allee, die von Kastanienbäumen, die im Frühjahr mit weißen und rosa Kerzen blühten, dicht gesäumt war, lagen Kastanien am Boden.

Fred hob zwei Kastanien auf und sagte, dass er sich erinnern könne, dass er als Kind in Lodz mit Kastanien gespielt und daraus gemeinsam mit seiner Mutter mit Streichhölzern Tiere gebastelt hätte, doch dann wären sie nach Auschwitz gekommen und er hätte die Mutter dann nicht mehr gesehen und die Kastanien wären auch weg gewesen.

Nach einer Pause sagte Fred, dass es schade wäre, dass Schoscha kein Kind bekommen könne, wo gerade er es sich derart wünschen würde, dass sein Vater ein Enkelkind bekäme.

Ein Enkelkind, so sagte Fred, das Henry Getreuer beweisen würde, dass die Familie Auschwitz überlebt hätte und jetzt weiterleben würde und dann noch weiter.

„Ich erzähle nichts", sagte Wacek, während sie weitergingen und mit den Füßen die am Boden liegenden Kastanien vor sich her stießen, „nicht davon, dass mein Vater vor meinen Augen erschlagen wurde, nichts von meiner jahrelangen Flucht, nicht vom Gestapogefängnis, in das sie mich gesperrt und halb zu Tode getreten haben, denn wem würde das helfen?"

Und dann: „Meine Geschichte beginnt für meine Familie und für alle, die es wissen wollen, mit der Befreiung Krakaus am 18. Jänner und dann mit der Zeit, als ich in der Nacht studiert und tagsüber Zeitungen in die Papiermanschetten mit Namen und Adressen gesteckt habe, denn irgendwo muss man beginnen."

Und: „Dann erzähle ich von dem kleinen Hund, der mir am Ende des Kriegs zugelaufen ist und den ich nach dem russischen General Schukow benannt habe – nach wem denn ...", und sein Sohn Rysio lache dann oft, weil Schukow ihn, als er ein kleines Kind und noch in Krakau gewesen war, im Bett in die Zehen gebissen hätte.

„Ein guter Anfang einer Lebensgeschichte. Auch für mich, denn wie soll man mit alledem leben?"

„Ich habe im Sommer Koffer in die Autos der reichen Amerikaner vor dem Waldorf Astoria geschlichtet, das ist auch ein guter Anfang", sagte Fred, „denn irgendwie muss man die Erinnerung aushalten, aber manchmal kommt vieles hoch – als Schoscha das letzte Kind verloren hat, ist es mir so gegangen."

Dann gingen sie zum Auto zurück, es war kühl geworden, denn der Herbst kündigte sich an, und Fred machte das Stoffdach zu. Auf der Heimfahrt aus dem 2. Bezirk zur Wohnung von Wacek im 19. Bezirk schwiegen sie, und beide hingen ihren Gedanken nach.

Nachwort

Laut DNA-Analysen, die beim „Mann aus dem Eis" (vulgo „Ötzi") gemacht wurden, stammte er von Ackerbauern aus Anatolien ab, die etwa 7000 Jahre vor unserer Zeitrechnung in den Alpenraum eingewandert waren.
 Migration und die Suche nach besseren Lebensumständen – sei es politischer oder materieller oder klimatischer Art – ist also offenbar so alt wie die Menschheit selbst.
 Wir wissen historisch sehr viel über die Tatsache und die Ursachen der Migration, sehr wenig aber über die Menschen, ihr Schicksal, ihre Schwierigkeiten mit der sie umgebenden neuen Welt und ihren Umgang mit den ungewohnten und für sie fremden Lebensumständen.

Wie sehr muss das Menschen betroffen haben, die nach dem Zweiten Weltkrieg aus einem kommunistischen Staat und daher aus politischen Gründen wegen der Unterdrückung ihrer Freiheit und der Bedrohung von Leib und Leben unter einem rücksichtslosen diktatorischen Regime in ein für sie fremdes Land emigriert oder geflohen sind? Diese Frage stellt sich umso mehr, wenn man bedenkt, dass aufgrund antisemitischer Vorfälle in Zentral- und Osteuropa viele der Emigranten Juden waren, die sich dann in Ländern fanden, deren Bewohner ihnen wenige Jahre zuvor als Teil von Besatzungsmächten nach dem Leben trachteten.

Als Nachfahre solcher Menschen war es mir ein Bedürfnis, dieses Buch vorzulegen, das sich mit ebendiesem Themenkreis befasst. Es werden Schicksale von Menschen geschildert, die aus einem diktatorischen Regime in ein freies, demokratisches Land gekommen sind, dessen Bewohner aber selbst ihre Vergangenheit nicht reflektiert und aufgearbeitet haben, sondern noch immer in dieser Vergangenheit leben.

Die Emigranten wiederum finden sich dort nur mit Mühe zurecht, indem sie alle eine eigene „Technik" entwickeln, um zu überleben und in dem gewählten Land zu leben.

Das Gefühl vieler Emigranten der Heimatlosigkeit und der Verlorenheit in einer Welt, in der sie nicht mehr wissen, wo sie dazugehören, verstärkt den Eindruck der Einsamkeit in einer für sie fremden Welt und ihrer Fremdheit in ihrer alten Welt, die verklärt wird, aber die Erwartungen der Erinnerungen nicht erfüllen kann.

Personen, die hier geschildert werden, setzen sich aus vielen einzelnen Menschen zusammen, denen ich allen begegnet bin, und stehen niemals für eine bestimmte Person, sondern für ein Kollektiv von Menschen, das sprachlos ist ob seiner Vergangenheit und der darin erfahrenen Erniedrigungen, derer sich manche schlagartig bewusst werden in der Einsamkeit der neuen Welt, die von neuerlicher Feindseligkeit erfüllt ist.

So werden sie zu „Verlorenen" in der alten wie der neuen Welt, halten an alten Traditionen, die in ihrer alten

Heimat längst aufgegeben wurden, fest, und knüpfen auch zueinander nur wenige Beziehungen, weil es letztlich nur ums Überleben geht.

Alles das habe ich erlebt und versucht, es in diesem Buch darzustellen.